L'uomo più ricco di Babilonia

Scritto da George Samuel Clason

Pubblicato da Heroe.com

© Copyright 2025. Heroe.com

Tutti i diritti riservati. Nessuna parte di questo libro può essere riprodotta o utilizzata in alcun modo senza la previa autorizzazione scritta del proprietario del copyright, ad eccezione dell'uso di brevi citazioni.

Per richiedere l'autorizzazione, contatta l'editore visitando il sito web: heroe.com.

L'autore

GEORGE SAMUEL CLASON è nato in Louisiana, Missouri, il 7 novembre 1874. Ha frequentato l'Università del Nebraska e ha servito nell'esercito degli Stati Uniti durante la guerra ispano-americana. Iniziò una lunga carriera nell'editoria, fondando la Clason Map Company a Denver, Colorado, e pubblicando il primo atlante stradale degli Stati Uniti e del Canada.

Nel 1926, pubblicò il primo di una famosa serie di opuscoli sulla parsimonia e il successo finanziario, usando parabole ambientate nell'antica Babilonia per spiegare ciascuno dei suoi punti. Questi opuscoli furono distribuiti in grandi quantità da banche e compagnie di assicurazione e divennero familiari per milioni di persone; il più famoso è "L'uomo più ricco di Babilonia", la parabola da cui il presente volume prende il titolo. Queste "parabole babilonesi" sono diventate un classico moderno per migliorare la gestione delle finanze personali.

La quarta legge dell'oro ... 71
La quinta legge dell'oro ... 71

Il prestatore d'oro babilonese ... 74

Le mura di Babilonia ... 86

Il commerciante di cammelli babilonese ... 90

Tavolette di argilla babilonesi ... 100
    Tavoletta numero 1 ... 102
    Tavoletta numero 2 ... 103
    Tavoletta numero 3 ... 104
    Tavoletta numero 4 ... 105
    Tavoletta numero 5 ... 106

L'uomo più fortunato di Babilonia ... 111

Frasi Illuminanti ... 128

Indice del volume

L'autore 6

Introduzione 7

Prefazione 8

Una panoramica storica di Babilonia 9

L'uomo che voleva l'oro 15

L'uomo più ricco di Babilonia 21

Sette rimedi per un portafogli vuoto 31

    Il secondo rimedio 36

    Il terzo rimedio 38

    Il quarto rimedio 40

    Il quinto rimedio 41

    Il sesto rimedio 43

    Il settimo rimedio 45

Incontrare la dea della fortuna 48

Le leggi dell'oro 61

Le cinque leggi dell'oro 66

    La prima legge dell'oro 70

    La seconda legge dell'oro 70

    La terza legge dell'oro 71

Introduzione

Davanti a te c'è il tuo futuro come una strada che si estende in lontananza. Lungo quella strada ci sono ambizioni che vuoi realizzare... desideri che vuoi appagare.

Per realizzare le tue ambizioni e i tuoi desideri, devi avere successo con il denaro. Usa i principi finanziari delineati in questo libro. Lasciati liberare dai vincoli di un portafoglio scarso, fatti guidare verso la vita più piena e felice che permette un portafoglio pieno.

Come la legge di gravità, le leggi che troverai in questo libro sono universali e immutabili. Che possano essere per te, come lo sono stati per tanti altri, una chiave sicura per un borsellino pieno, saldi bancari più grandi e un gratificante progresso finanziario.

Il denaro è abbondante per coloro che capiscono le semplici leggi della sua acquisizione.

> » Inizia a far ingrassare il tuo portafoglio
>
> » Controlla le tue spese
>
> » Fai fruttare il tuo oro
>
> » Evita che i tuoi tesori si perdano
>
> » Fai della tua casa un investimento reddittizio
>
> » Assicurati un reddito futuro
>
> » Aumenta il tuo potere di guadagno

Prefazione

La nostra prosperità come nazione dipende dalla prosperità finanziaria personale di ognuno di noi come individuo.

Questo libro parla dei successi personali di ognuno di noi. Il successo è il risultato dei nostri sforzi e delle nostre capacità. Una preparazione adeguata è la chiave del nostro successo. Le nostre azioni non possono essere più sagge dei nostri pensieri. I nostri pensieri non possono essere più saggi della nostra comprensione.

Questo libro, che fornisce la soluzione per i portafogli magri, è stato descritto come una guida alla comprensione del mondo finanziario. Questo è il suo scopo: offrire a coloro che ambiscono al successo finanziario una visione che li aiuterà ad acquisire denaro, a mantenerlo e a far fruttare di più le loro eccedenze.

Nelle pagine che seguono ci spostiamo a Babilonia, la culla dove sono stati scoperti i principi fondamentali della finanza che oggi sono riconosciuti e utilizzati in tutto il mondo.

Ai nuovi lettori, l'autore è lieto di estendere l'augurio che le sue pagine contengano per loro la stessa ispirazione per far crescere i conti bancari, per un maggiore successo finanziario e per risolvere difficili problemi finanziari personali che i lettori da costa a costa riportano con sollecitudine.

Agli uomini d'affari che hanno distribuito queste storie in quantità generose ad amici, parenti, impiegati e soci, l'autore coglie l'occasione per esprimere la sua gratitudine. Nessuna approvazione potrebbe essere più grande di quella di uomini pratici che apprezzano i suoi insegnamenti perché loro stessi hanno ottenuto importanti successi applicando questi stessi principi.

Babilonia divenne la città più ricca del mondo antico perché i suoi cittadini erano le persone più ricche del loro tempo. Apprezzavano il valore del denaro. Praticavano sani principi finanziari per acquisire denaro, mantenerlo e farlo moltiplicare. Si sono procurati quello che tutti noi desideriamo... un reddito per il futuro.

G. S. C.

Una panoramica storica di Babilonia

Nelle pagine della storia non c'è città più affascinante di Babilonia. Il suo stesso nome evoca visioni di ricchezza e di splendore. I suoi tesori d'oro e di gioielli erano favolosi. Immaginiamo naturalmente una città ricca situata in un ambiente appropriato, di lusso tropicale, circondata da ricche risorse naturali di foreste e miniere. Ma non lo era. Era situata vicino al fiume Eufrate, in una valle piatta e arida. Non aveva foreste, né miniere, né pietra per costruire. Non era nemmeno situata su una rotta commerciale naturale. Le precipitazioni erano insufficienti per la coltivazione.

Babilonia è un esempio eccezionale della capacità dell'uomo di raggiungere grandi obiettivi, utilizzando qualsiasi mezzo a sua disposizione. Tutte le risorse che sostengono questa grande città sono state sviluppate dall'uomo. Tutte le sue ricchezze sono state create dall'uomo.

Babilonia possedeva solo due risorse naturali: terra fertile e acqua di fiume. Con una delle più grandi realizzazioni ingegneristiche di questo o di qualsiasi altro giorno, gli ingegneri babilonesi deviarono le acque del fiume per mezzo di dighe e immensi canali di irrigazione. In tutta quella valle arida questi canali furono estesi per versare le acque vitali sulla terra fertile. Questa è una delle prime imprese di ingegneria conosciute nella storia. Il mondo non aveva mai visto raccolti così abbondanti come quelli ottenuti con questo sistema d'irrigazione.

Fortunatamente, durante la sua lunga esistenza, Babilonia fu governata da stirpi successive di re per i quali la conquista e il saccheggio erano solo incidentali. Anche se si impegnò in molte guerre, la maggior parte di esse erano locali o difensive contro gli ambiziosi conquistatori di altri paesi che bramavano i favolosi tesori di Babilonia. Gli eccezionali governanti di Babilonia sono passati alla storia per la loro saggezza, impresa e giustizia. Babilonia non ha prodotto monarchi che cercavano di conquistare il mondo conosciuto affinché tutte le nazioni rendessero omaggio al loro egoismo.

Come città, Babilonia non esiste più. Quando le forze umane che hanno costruito e mantenuto la città per migliaia di anni si sono ritirate, è diventata presto una rovina deserta. Il sito della città si trova in Asia, circa seicento miglia a est del canale di Suez, appena a nord del Golfo Persico. La latitudine è di circa 30 gradi sopra l'equatore, circa la stessa di Yuma, Arizona. Aveva un clima simile a quello di questa città americana, caldo e secco.

Oggi questa valle dell'Eufrate, una volta una fiorente area agricola irrigata, è di nuovo un deserto arido e spazzato dal vento. Le rade erbe del deserto e gli arbusti lottano per l'esistenza contro le sabbie spazzate dal vento. Sono spariti i campi fertili, le città gigantesche e le lunghe carovane di ricche merci. Gli unici abitanti sono bande nomadi di arabi che si guadagnano da vivere curando piccole mandrie. Questo è stato il caso fin dall'inizio dell'era cristiana.

Questa valle è costellata di colline di terra. Per secoli, i viaggiatori li hanno considerati come niente di più. Alla fine, l'attenzione degli archeologi fu attirata dai pezzi rotti di ceramica e dai mattoni portati via dalle piogge occasionali. Le spedizioni, finanziate dai musei europei e americani, furono inviate per scavare e vedere cosa si poteva trovare. Picconi e pale dimostrarono presto che queste colline erano antiche città. Cimiteri di città, potrebbero essere chiamate così.

Babilonia era una di queste. Su di essa, per circa venti secoli, i venti avevano sparso la polvere del deserto. Originariamente costruiti in mattoni, tutti i muri esposti si erano disintegrati ed erano ricaduti nella terra. Ecco come appare oggi Babilonia, la città ricca. Un cumulo di sporcizia, abbandonato da così tanto tempo che nessuna persona vivente ne conosceva il nome fino a quando non fu scoperto dalla rimozione accurata di secoli di detriti dalle strade e dai resti caduti dei suoi nobili templi e palazzi.

Molti scienziati considerano la civiltà di Babilonia e di altre città di questa valle come le più antiche di cui si abbia notizia. Sono state stabilite date che risalgono fino a 8.000 anni fa.

Un fatto interessante a questo proposito è il mezzo utilizzato per determinare queste date. Descrizioni di un'eclissi solare sono state trovate nelle rovine di Babilonia. Gli astronomi moderni hanno calcolato facilmente il tempo di questa eclissi, visibile a Babilonia, e hanno così stabilito una relazione nota tra il loro calendario e il nostro.

Così, abbiamo accertato che 8000 anni fa, i Sumeri, che abitavano Babilonia, vivevano in città murate. Quanti secoli prima fossero esistite tali città può essere solo ipotizzato. I loro abitanti non erano barbari che vivevano all'interno di mura protettive. Erano un popolo colto e illuminato. Per quanto riguarda la storia scritta, sono stati i primi ingegneri, i primi astronomi, i primi matematici, i primi finanziatori e il primo popolo ad avere una lingua scritta.

Si è già parlato dei sistemi d'irrigazione che hanno trasformato l'arida valle in un paradiso agricolo. I resti di questi canali sono ancora rintracciabili, anche se sono per lo più pieni di sabbia accumulata. Alcuni di essi erano così grandi che, quando erano vuoti d'acqua, una dozzina di cavalli potevano attraversare il fondo alla volta. Sono paragonabili per dimensioni ai più grandi canali del Colorado e dello Utah.

Oltre all'irrigazione delle terre della valle, gli ingegneri babilonesi realizzarono un altro progetto di simile portata. Per mezzo di un elaborato sistema di drenaggio, bonificarono una vasta area di terreno paludoso alla foce dei fiumi Eufrate e Tigri e la misero a coltura.

Erodoto, il viaggiatore e storico greco, visitò Babilonia quando era al suo apice e ci ha dato l'unica descrizione conosciuta di uno straniero. I suoi scritti danno una descrizione grafica della città e alcuni dei costumi insoliti dei suoi abitanti. Cita la notevole fertilità del suolo e l'abbondante raccolto di grano e orzo che producevano.

La gloria di Babilonia è svanita, ma la sua saggezza è stata conservata fino a noi. Questo grazie ai loro metodi di documentazione. In quell'epoca lontana l'uso della carta non era stato inventato. Invece, incidevano minuziosamente i loro scritti su tavolette di argilla bagnate. Una volta finite, venivano cotte e trasformate in piastrelle dure. Erano grandi circa 15 centimetri per 20 e spessi un centimetro.

Queste tavolette d'argilla, come sono comunemente chiamate, erano usate in modo molto simile alla scrittura moderna. Su di essi erano incise leggende, poesie, storie, trascrizioni di decreti reali, leggi della terra, atti di proprietà, cambiali e persino lettere che venivano inviate da messaggeri a città lontane. Queste tavolette d'argilla ci danno una visione degli affari intimi e personali del popolo. Per esempio, una tavoletta, evidentemente proveniente dai registri di un negoziante rurale, riferisce che in una certa data un particolare cliente portò una mucca e la scambiò con sette sacchi di grano, tre dei quali furono consegnati sul posto e gli altri quattro furono lasciati in attesa che il cliente li volesse.

Gli archeologi hanno recuperato intere biblioteche di queste tavolette, centinaia di migliaia, sepolte nelle città distrutte.

Una delle meraviglie più notevoli di Babilonia erano le immense mura che circondavano la città. Gli antichi le classificarono, insieme alla Grande Piramide d'Egitto, tra le "sette meraviglie del mondo". Si attribuisce alla regina Semiramide il merito di aver eretto le prime mura durante la prima storia della città. Gli scavatori moderni non sono stati in grado di trovare alcuna traccia delle mura originali. Né si conosce la loro altezza esatta. Da quanto menzionato dai primi scrittori, si stima che fossero alte tra i 15 e i 20 metri, con una copertura esterna di mattoni bruciati e protette da un profondo fossato d'acqua.

Le mura successive e più famose furono iniziate circa seicento anni prima di Cristo dal re Nabopolassar. Ha progettato la ricostruzione su una scala così gigantesca che non ha vissuto per vedere l'opera completata. Lo lasciò a suo figlio, Nabucodonosor, il cui nome è familiare nella storia biblica.

L'altezza e la lunghezza di queste pareti posteriori sono incredibili. Si dice che fossero alte circa 60 metri, l'equivalente dell'altezza di un moderno edificio di 15 piani. La lunghezza totale è stimata tra le nove e le undici miglia. La cima era così larga che un carro da sei cavalli poteva girarci intorno. Di questa magnifica struttura ora rimane poco, solo parti delle fondamenta e il fossato. Oltre alle devastazioni naturali, gli arabi hanno completato la distruzione rimuovendo i mattoni per costruire altrove.

Contro le mura di Babilonia marciarono, a turno, gli eserciti vittoriosi di quasi tutti i vincitori di quell'epoca di guerre di conquista. Una schiera di re assediò Babilonia, ma sempre invano. Gli eserciti invasori di quel tempo non erano considerati alla leggera. Gli storici parlano di unità fino a 10.000 cavalieri, 25.000 carri, 1.200 reggimenti di piedi con 1.000 uomini per reggimento. Spesso erano necessari due o tre anni di preparazione per assemblare materiali bellici e scorte di cibo lungo la linea di marcia proposta. La città di Babilonia era organizzata come una città moderna. C'erano strade e negozi. I venditori ambulanti vendevano le loro merci nei quartieri residenziali. I sacerdoti officiavano in magnifici templi. All'interno della città c'era un recinto interno per i palazzi reali. Si dice che le mura di questo recinto fossero più alte di quelle della città.

I Babilonesi erano abili nelle arti. Queste includevano la scultura, la pittura, la tessitura, l'oreficeria e la fabbricazione di armi di metallo e di attrezzi agricoli. I loro gioiellieri creavano i gioielli più artistici mai conosciuti.

Molti esemplari sono stati recuperati dalle tombe dei suoi ricchi cittadini e sono ora esposti nei principali musei del mondo.

Molto presto, quando il resto del mondo tagliava ancora gli alberi con asce con la testa di pietra o cacciava e combatteva con lance e frecce con la punta di selce, i Babilonesi usavano asce, lance e frecce con la testa di metallo. I Babilonesi erano abili finanziatori e commercianti. Per quanto ne sappiamo, furono gli inventori originali del denaro come mezzo di scambio, delle cambiali e degli atti scritti.

Non entrarono mai eserciti ostili a Babilonia, fino a circa 540 anni prima della nascita di Cristo.

Anche allora, le mura non furono catturate. La storia della caduta di Babilonia è molto insolita. Ciro, uno dei grandi conquistatori dell'epoca, intendeva attaccare la città e sperava di prendere le sue mura inespugnabili.

I consiglieri di Nabonedo, il re di Babilonia, lo convinsero ad andare incontro a Ciro e a dargli battaglia senza aspettare che la città fosse assediata. L'esercito babilonese fu sconfitto e fuggì dalla città. Ciro entrò allora attraverso le porte aperte e ne prese possesso senza resistenza.

In seguito, la potenza e il prestigio della città declinarono gradualmente fino a quando, nel corso di alcune centinaia di anni, fu finalmente abbandonata, deserta, lasciata ai venti e alle tempeste per livellare di nuovo quella terra deserta su cui la sua grandezza era stata originariamente costruita. Babilonia era caduta, per non risorgere più, ma ad essa la civiltà deve molto.

I secoli hanno ridotto in polvere le orgogliose mura dei suoi templi, ma la saggezza di Babilonia resiste.

Il denaro è il mezzo con cui si misura il successo terreno. Il denaro permette di godere del meglio che la terra ha da offrire.

Il denaro è abbondante per coloro che capiscono le semplici leggi che regolano la sua acquisizione.

Il denaro oggi è governato dalle stesse leggi che lo controllavano quando gli uomini prosperi affollavano le strade di Babilonia seimila anni fa.

L'uomo che voleva l'oro

Bansir, il costruttore di carri di Babilonia, era completamente avvilito. Dal suo posto sul muretto che circondava la sua proprietà, guardava tristemente la sua semplice casa e l'officina aperta in cui si trovava un carro parzialmente completato.

Sua moglie appariva spesso alla porta aperta. I suoi sguardi furtivi nella sua direzione gli ricordarono che la borsa della spesa era quasi vuota e che lui doveva lavorare alla rifinitura del carro, martellando e intagliando, lucidando e dipingendo, stringendo il cuoio sui cerchioni, preparandolo per la consegna così da poter riscuotere dal suo ricco cliente.

Tuttavia, il suo corpo grasso e muscoloso rimase seduto sul muro. La sua mente pigra lottava pazientemente con un problema per il quale non riusciva a trovare una risposta.

Il sole caldo e tropicale, così tipico di questa valle dell'Eufrate, picchiava senza pietà su di lui. Perle di sudore si formarono sulla sua fronte e scesero inosservate nella giungla di peli sul suo petto.

Oltre la sua casa si ergeva l'alto muro a terrazze che circondava il palazzo del re. Nelle vicinanze, a fendere il cielo azzurro, c'era la torre dipinta del Tempio di Bel. All'ombra di tale grandezza si trovava la sua semplice casa e molte altre molto meno ordinate e ben tenute. Babilonia era così: un misto di grandezza e di squallore, di ricchezza abbagliante e di povertà abietta, ammucchiati senza piano né sistema all'interno delle mura protettive della città.

Dietro di lui, se si fosse preoccupato di guardare, i rumorosi carri dei ricchi spingevano e spingevano via i commercianti vestiti di sandali e i mendicanti scalzi. Anche i ricchi erano costretti a girare nelle grondaie per liberare la strada alle lunghe file di schiavi portatori d'acqua, nel "progetto del re ", ognuno portando un pesante otre d'acqua da versare nei giardini pensili. Bansir era troppo assorto nel suo problema per sentire o ascoltare il trambusto confuso della città occupata. Fu l'inaspettato pizzicare delle corde di una lira familiare che lo destò dalla sua fantasticheria. Si voltò e guardò il volto sensibile e sorridente del suo migliore amico, Kobbi, il musicista.

"Che gli dei ti benedicano con grande ricchezza, mio buon amico", iniziò Kobbi con un saluto elaborato. "Tuttavia, sembra che siano già stati così generosi che non hai bisogno di lavorare. Mi rallegro con te della tua fortuna. Inoltre, vorrei anche che la condividessi con me. Ti prego di prelevare dal tuo borsellino, che deve essere gonfio, altrimenti saresti occupato nella tua tenda, solo due umili sicli e di prestarmeli fino a dopo la festa dei nobili di stasera. Non ne avrai bisogno prima che ti siano restituiti".

"Se avessi due sicli", rispose tristemente Bansir, "non potrei prestarli a nessuno, nemmeno a te, mio migliore amico, perché sarebbero la mia fortuna, tutta la mia fortuna. Nessuno presta tutta la sua fortuna, nemmeno al suo migliore amico".

"Cosa?" esclamò Kobbi con genuina sorpresa, "non hai un siclo nella tua borsa, eppure ti siedi come una statua sul muro! Perché non riempi quel carro? Come puoi soddisfare altrimenti il tuo nobile appetito? Non è da te, amico mio; dov'è la tua energia infinita? Sei preoccupato per qualcosa? Gli dei ti hanno portato guai?".

"Deve essere un tormento degli dei", concordò Bansir. "È iniziato tutto con un sogno, un sogno senza senso, in cui pensavo di essere un uomo abbiente. Dalla mia cintura pendeva una bella borsa, carica di monete. C'erano sicli che gettavo con spensierata libertà ai mendicanti; c'erano pezzi d'argento con cui compravo oggetti per mia moglie e tutto ciò che desideravo per me; c'erano pezzi d'oro che mi facevano sentire sicuro del futuro e non avevo paura di spendere l'argento. Un glorioso sentimento di soddisfazione si è impadronito di me. Non mi avresti riconosciuto come un tuo lavoratore. Né avresti riconosciuto mia moglie, tanto il suo viso era privo di rughe e risplendeva di felicità. Era di nuovo la fanciulla sorridente dei nostri primi giorni di matrimonio."

"Un sogno piacevole, davvero", commentò Kobbi, "ma perché un sentimento così piacevole come quello che ha risvegliato dovrebbe trasformarti in una lugubre statua sul muro?"

"Come, perché! Perché quando mi sono svegliato e ho ricordato quanto fosse vuoto il mio portafoglio, sono stato sopraffatto da un sentimento di ribellione. Parliamone insieme, perché, come dicono i marinai, abbiamo viaggiato sulla stessa barca, noi due. Quando eravamo giovani, andavamo insieme dai preti per imparare la saggezza. Da giovani, abbiamo condiviso i piaceri reciproci. Come uomini adulti, siamo sempre stati amici intimi. Siamo stati contenti di quanto avevamo. Ci siamo accontentati di lavorare molte ore e di spendere liberamente i nostri guadagni. Abbiamo guadagnato molto denaro negli anni che sono passati, ma per conoscere le gioie che vengono dalla ricchezza, dobbiamo sognarle. Bah, siamo più che pecore mute? Viviamo nella città più ricca del mondo. I viaggiatori dicono che nessuno la eguaglia in ricchezza. Intorno a noi c'è molta ostentazione di ricchezza, ma noi stessi non abbiamo nulla. Dopo mezza vita di duro lavoro, tu, il mio migliore amico, hai una borsa vuota e mi dici: "Mi puoi prestare due sicli fino a dopo la festa dei nobili di stasera?" Allora cosa dico: "Ecco la mia borsa; condividerò volentieri il suo contenuto"? No, ammetto che la mia borsa è vuota come la tua. Perché non possiamo acquisire argento e oro, più che sufficienti per il cibo e i vestiti?"

"Considera anche i nostri figli", continuò Bansir, "non stanno forse seguendo le orme dei loro padri? È necessario che essi e le loro famiglie e i loro figli e le famiglie dei loro figli vivano per tutta la vita in mezzo a tali tesori d'oro, e tuttavia si accontentino, come noi, di banchetti di latte di capra acido e zuppe d'avena?"

"Mai, in tutti gli anni della nostra amicizia, hai parlato così, Bansir". Kobbi era perplesso.

"Mai in tutti questi anni ho pensato così. Dall'alba fino a quando le tenebre mi hanno fermato, ho lavorato per costruire i migliori carri che un uomo potesse costruire, sperando con tutto il mio cuore che un giorno gli dei avrebbero riconosciuto le mie degne azioni e mi avrebbero concesso una grande prosperità.

Non l'hanno mai fatto. Infine, mi rendo conto che non lo faranno mai. Perciò il mio cuore è triste. Desidero essere un uomo facoltoso. Vorrei possedere terre e bestiame, avere bei vestiti e monete nella mia borsa. Sono disposto a lavorare per queste cose con tutta la forza della mia schiena, con tutta l'abilità delle mie mani, con tutta l'astuzia della mia mente, ma desidero che le mie fatiche siano giustamente ricompensate. Cosa ce lo impedisce? Ancora una volta ti chiedo: perché non possiamo avere la nostra giusta parte di cose buone, che sono così abbondanti per coloro che hanno l'oro con cui comprarle?".

"Se solo sapessi una risposta!", rispose Kobbi. "Non sono soddisfatto più di te. I guadagni della mia lira si esauriscono rapidamente. Spesso devo pianificare e programmare affinché la mia famiglia non abbia fame. Inoltre, nel mio petto c'è un profondo desiderio di una lira abbastanza grande per poter effettivamente cantare gli accordi di musica che sorgono nella mia mente. Con un tale strumento potrei fare una musica più bella di quella che anche il re ha sentito."

"Una tale lira dovresti avere. Nessun uomo in tutta Babilonia potrebbe farla cantare più dolcemente; potresti farla suonare così soavemente che non solo il re ma gli stessi dei ne sarebbero deliziati. Ma come puoi esserne sicuro se siamo entrambi poveri come gli schiavi del re? Ascolta la campana! Eccoli che arrivano."

Indicò la lunga colonna di portatori d'acqua seminudi e sudati che arrancavano su per la stretta via del fiume. Erano in cinque, ognuno ingobbito sotto una pesante pelle di capra piena d'acqua.

"Una bella figura d'uomo, quella che li guida". Kobbi indicò il campanaro che marciava verso il fronte senza carico. "Un uomo di spicco nel suo paese, è facile da capire.

"Ci sono molte buone figure in quella fila", ha convenuto Bansir, "uomini buoni come noi. Uomini alti e biondi del nord, uomini neri ridenti del sud, uomini bruni dei paesi più vicini. Tutti in marcia insieme dal fiume ai giardini, avanti e indietro, giorno dopo giorno, anno dopo anno. Nessuna felicità da aspettare. Letti di paglia su cui dormire e zuppa di grano duro da mangiare."

"Pietà per i poveri bruti, Kobbi!"

"Ho pietà di loro. Eppure, mi fai vedere quanto poco meglio siamo noi uomini liberi".

"Questa è la verità, Kobbi, anche se è un pensiero sgradevole. Non vogliamo continuare anno dopo anno a vivere una vita di schiavitù. Lavorare, lavorare, lavorare. Non si va da nessuna parte."

"Non potremmo scoprire come gli altri acquistano l'oro e fare come loro?" chiese Kobbi.

"Forse c'è qualche segreto che possiamo imparare se cerchiamo quelli che lo sanno", rispose Bansir pensieroso.

"Proprio oggi", suggerì Kobbi, "ho incrociato il nostro vecchio amico Arkad sul suo carro d'oro. Ma non ha guardato oltre la mia umile testa, come molti nella sua posizione considererebbero suo diritto. Invece, ha agitato la mano perché tutti gli spettatori lo vedessero salutare e donare il suo sorriso di amicizia a Kobbi, il musicista".

"Si dice che sia l'uomo più ricco di tutta Babilonia", riflette Bansir.

"Si dice che il re sia così ricco che cerca il suo aiuto d'oro negli affari del tesoro", rispose Kobbi. "Così ricco", interruppe Bansir, "che temo che, se lo incontrerò nel buio della notte, metterò le mani sul suo grasso borsellino".

"Sciocchezze", rimproverò Kobbi, "la ricchezza di un uomo non è nella borsa che porta. Una borsa grassa si svuota rapidamente se non c'è un flusso d'oro che la riempie. Arkad ha un reddito che mantiene costantemente il suo borsellino pieno, non importa quanto sontuosamente spenda".

"Reddito, questo è il punto", ansimò Bansir. "Desidero un reddito che continui a fluire nella mia borsa, sia che mi sieda sul muro o che viaggi in terre lontane. Arkad deve sapere come un uomo può guadagnarsi un reddito da solo, credi che sia qualcosa che possa illuminare una mente lenta come la mia?".

"Credo che abbia insegnato la sua conoscenza a suo figlio, Nomasir", rispose Kobbi.

"Non andò forse a Ninive e, come racconta la leggenda, divenne, senza l'aiuto di suo padre, uno degli uomini più ricchi di quella città?"

"Kobbi, mi fai venire in mente uno strano pensiero. Una nuova luce brillò negli occhi di Bansir. "Non costa nulla chiedere un saggio consiglio a un buon amico e Arkad lo è sempre stato. Non importa che i nostri portafogli siano vuoti come il nido di falco di un anno fa. Che questo non ci fermi. Siamo stanchi di essere senza oro in mezzo all'abbondanza. Vogliamo diventare uomini facoltosi. Vieni, andiamo da Arkad e chiediamo come possiamo acquisire un reddito per noi stessi."

"Tu parli con vera ispirazione, Bansir. Mi porti alla mente una nuova comprensione. Mi fai capire perché non abbiamo mai trovato nessuna misura di ricchezza. Non l'abbiamo mai cercata. Hai lavorato pazientemente per costruire i carri più robusti di Babilonia. A questo scopo sono stati dedicati i tuoi migliori sforzi. Pertanto, hai avuto successo. Mi sono sforzato di diventare un abile suonatore di lira. E ci sono riuscito. In quelle cose in cui abbiamo fatto del nostro meglio, ci siamo riusciti. Gli dei si sono accontentati di lasciarci andare avanti così. Ora, finalmente, vediamo una luce, luminosa come il sole che sorge. Ci chiede di imparare di più per poter prosperare di più. Con una nuova comprensione troveremo modi onorevoli per realizzare i nostri desideri".

"Andiamo da Arkad oggi", esortò Bansir, "Inoltre, chiediamo ad altri amici dei nostri giorni più giovani, che non se la sono cavata meglio di noi, di unirsi a noi in modo che anche loro possano condividere la loro saggezza".

"Sei sempre stato molto attento ai tuoi amici, Bansir. Ecco perché hai così tanti amici. Sarà come dici tu. Partiamo oggi e li portiamo con noi".

L'uomo più ricco di Babilonia

Nell'antica Babilonia viveva un uomo molto ricco di nome Arkad. Era famoso per la sua grande ricchezza. Era anche famoso per la sua liberalità. Era generoso nelle sue opere di carità. Era generoso con la sua famiglia. Era liberale nelle sue spese. Ma, ciononostante, ogni anno la sua ricchezza aumentava più velocemente di quanto la spendesse.

E c'erano alcuni amici della sua gioventù che andarono da lui e gli dissero: "Tu, Arkad, sei più fortunato di noi. Sei diventato l'uomo più ricco di tutta Babilonia mentre noi lottiamo per vivere. Puoi indossare i vestiti più belli e godere dei cibi più rari, mentre noi dobbiamo accontentarci di vestire le nostre famiglie con abiti presentabili e nutrirle come meglio possiamo.

Tuttavia, una volta eravamo uguali. Abbiamo studiato con lo stesso insegnante. Abbiamo giocato gli stessi giochi. E né negli studi né nei giochi ci hai superato. E negli anni successivi, non sei stato un cittadino più onorevole di noi.

Perché, allora, un destino capriccioso dovrebbe scegliere te per il godimento di tutte le cose buone della vita e ignorare noi, che siamo ugualmente meritevoli?"

Allora Arkad li rimproverò dicendo: "Se non avete acquisito più di una semplice esistenza negli anni trascorsi da quando eravamo giovani, è perché o non avete imparato le leggi che regolano la costruzione della ricchezza, o non le osservate.

La Fortuna è una dea capricciosa che non porta alcun bene permanente a nessuno. Al contrario, porta alla rovina quasi tutti gli uomini su cui versa oro immeritato. Crea degli spendaccioni indiscriminati, che presto dissipano tutto ciò che ricevono e sono assaliti da appetiti e desideri irrefrenabili che non sono in grado di soddisfare. Tuttavia, altri che lei favorisce diventano avari e accumulano le loro ricchezze, temendo di spendere quello che hanno, sapendo che non hanno la capacità di sostituirlo. Inoltre, sono tormentati dalla paura dei ladri e si condannano a una vita di vuoto e di miseria segreta.

Ci sono probabilmente alcuni che possono prendere l'oro non guadagnato e moltiplicarlo e continuare ad essere cittadini felici e contenti. Ma sono così pochi che li conosco solo per sentito dire. Pensa agli uomini che hanno ereditato ricchezze improvvise, e vedi se queste cose non sono così."

I suoi amici ammisero che da uomini che conoscevano e che avevano ereditato ricchezze queste parole erano vere, e lo pregarono di spiegare come era arrivato a possedere tanta prosperità, così continuò: "Nella mia giovinezza mi guardavo intorno e vedevo tutte le cose buone che c'erano per portare felicità e contentezza. E mi sono reso conto che la ricchezza ha aumentato la potenza di tutto questo. La ricchezza è un potere. Con la ricchezza molte cose sono possibili. Si può adornare la propria casa con gli arredi più ricchi. Si può navigare in mari lontani. Ci si può deliziare con le prelibatezze di terre lontane. Si possono comprare gli ornamenti dell'orafo e del lucidatore di pietre. Si possono anche costruire dei potenti templi per gli dei. Si possono fare tutte queste cose e molte altre in cui c'è piacere per i sensi e gratificazione per l'anima."

"E, quando ho capito tutto questo, ho deciso tra me e me che avrei reclamato la mia parte delle cose buone della vita. Non sarei stato uno di quelli che stanno in disparte, invidiosi, a guardare gli altri che si divertono. Non mi sarei accontentato di vestirmi con i vestiti più economici che sembrano rispettabili. Non mi sarei accontentato di un destino da povero. Al contrario, sarei diventato ospite a questo banchetto di cose buone.

Essendo, come sapete, il figlio di un umile commerciante, uno di una famiglia numerosa senza speranza di eredità, e non essendo dotato, come avete detto così francamente, di poteri superiori o di saggezza, ho deciso che se volevo raggiungere ciò che desideravo, ci sarebbe voluto tempo e studio.

Per quanto riguarda il tempo, tutti gli uomini ne hanno in abbondanza. Voi, ognuno di voi, avete lasciato passare abbastanza tempo per arricchirvi. Eppure lo ammettete, non avete nulla da mostrare se non le vostre buone famiglie, di cui potete giustamente essere orgogliosi.

Per quanto riguarda lo studio, il nostro saggio maestro non ci ha insegnato che l'apprendimento è di due tipi: un tipo è quello delle cose che impariamo e conosciamo, e l'altro è l'allenamento che ci insegna a scoprire ciò che non sappiamo.

Per questo ho deciso di scoprire come si può accumulare la ricchezza, e quando l'avrò scoperto, di renderlo il mio compito e di farlo bene. Perché non è forse saggio che noi ci divertiamo mentre dimoriamo nello splendore del sole, perché abbastanza dolori scenderanno su di noi quando partiremo nelle tenebre del mondo degli spiriti?

Ho trovato lavoro come scriba nella sala dei registri, e ho lavorato lunghe ore ogni giorno sulle tavolette d'argilla. Settimana dopo settimana, mese dopo mese, ho lavorato, ma non avevo nulla da mostrare per i miei ventiquattro anni di lavoro. Cibo, vestiti e penitenza agli dei, e altre cose che non ricordo, assorbivano tutti i miei guadagni. Ma la mia determinazione non mi ha abbandonato.

Un giorno Algamish, l'usuraio, venne a casa del padrone della città e chiese una copia della Nona Legge, e mi disse: "Devo averla tra due giorni, e se per allora il compito sarà svolto, ti darò due rame".

Così ho lavorato duramente, ma la legge era lunga, e quando Algamish è tornato il compito era incompiuto.

Si è arrabbiato, e se fossi stato il suo schiavo mi avrebbe picchiato. Ma sapendo che il padrone della città non gli avrebbe permesso di farmi del male, non ebbi paura e gli dissi: "Algamish, tu sei un uomo molto ricco. Dimmi come posso diventare ricco anch'io, e tutta la notte scolpirò nell'argilla, e quando il sole sorgerà sarà finito".

Mi sorrise e mi rispose: "Sei un mascalzone, ma accetto l'accordo".

Tutta quella notte ho scolpito, anche se la schiena mi faceva male e l'odore dello stoppino mi faceva male alla testa fino a quando i miei occhi non riuscivano a vedere. Ma quando è tornato all'alba, le tavole erano complete.

"Ora", ho detto, "dimmi ciò che hai promesso".

"Hai mantenuto la tua parte del nostro accordo, figlio mio", disse gentilmente, "e io sono pronto a mantenere la mia. Ti dirò queste cose che desideri sapere perché sto diventando vecchio e a una vecchia lingua piace chiacchierare. E quando la gioventù si rivolge all'età per un consiglio, riceve la saggezza degli anni. Ma troppo spesso la gioventù pensa che l'età conosca solo la saggezza dei giorni passati, e così non ne beneficia. Ma ricorda questo, il sole che brilla oggi è il sole che brillava quando è nato tuo padre, e continuerà a brillare quando il tuo ultimo nipote passerà nell'oscurità."

"I pensieri della gioventù", continuò, "sono luci luminose che brillano come le meteore che spesso illuminano il cielo, ma la saggezza dell'età è come le stelle fisse che brillano così inalterabilmente che il marinaio può contare su di esse per dirigere la sua rotta. Ascolta bene le mie parole, perché se non lo fai, non capirai la verità che sto per dirti, e penserai che il tuo lavoro notturno sia stato vano".

Poi mi guardò sornione da sotto le sopracciglia ispide e disse in tono basso e deciso: "Ho trovato la mia strada verso la ricchezza quando ho deciso che una parte di tutto quello che guadagnavo era mia, da tenere. E lo farai anche tu." Poi continuò a guardarmi con uno sguardo che sentivo trafiggermi, ma non disse altro.

"È tutto?", chiesi.

"Questo è stato sufficiente per cambiare il cuore di un pastore di pecore in quello di un usuraio", rispose.

"Ma tutto quello che guadagno è mio, vero?", chiesi.

"Lungi da ciò", rispose. "Non paghi il fabbricante di stoffe? Non paghi il fabbricante di sandali? non paghi quello che mangi? Puoi vivere in Babilonia senza spendere? Cosa hai da mostrare per i tuoi guadagni del mese scorso? E l'anno scorso? Sciocco! Paghi tutti tranne te stesso. Idiota, tu lavori per gli altri. È come se tu fossi uno schiavo e lavorassi per quello che il tuo padrone ti dà da mangiare e da indossare. Se tenessi per te un decimo di tutto quello che guadagni, quanto avresti in dieci anni?"

La mia conoscenza dei numeri non aveva abbandonato, e risposi: "Quello che guadagno in un anno".

"Stai dicendo solo metà della verità", rispose. "Ogni pezzo d'oro che salvi è uno schiavo che lavora per te. Ogni rame che guadagni è un figlio che può guadagnare anche per te. Se vuoi essere ricco, allora quello che risparmi devi guadagnare, e i tuoi figli devono guadagnare, affinché tutti contribuiscano a darvi l'abbondanza che bramate."

"Tu pensi che io ti imbrogli per la tua lunga notte di lavoro", continuò, "ma ti pago mille volte di più se hai l'intelligenza di afferrare la verità che ti offro".

"Una parte di tutto quello che guadagni è tua da tenere. Non dovrebbe essere meno di un decimo, per quanto poco si guadagni. Può essere tanto quanto ci si può permettere. Paga prima te stesso. Non comprare dal fabbricante di stoffe o dal fabbricante di sandali più di quanto puoi permetterti con il resto e avere ancora abbastanza per il cibo e la carità e la penitenza agli dei.

La ricchezza, come un albero, cresce da un piccolo seme. Il primo rame che risparmi è il seme da cui crescerà il tuo albero della ricchezza.

Prima si pianta quel seme, prima crescerà l'albero. E quanto più fedelmente nutrirai e innaffierai quell'albero con un risparmio costante, tanto prima potrai godere della contentezza sotto la sua ombra".

Così prese le sue tavolette e se ne andò.

Ho pensato molto a quello che mi aveva detto, e mi sembrava ragionevole. Così ho deciso che l'avrei provato. Ogni volta che venivo pagato, prendevo ogni decimo pezzo di rame e lo nascondevo. E stranamente non mi mancavano i fondi, come prima. Non ho notato molta differenza, visto che me la sono cavata senza quelle monete. Ma ero spesso tentato, man mano che il mio tesoro cominciava a crescere, di spenderlo in alcune delle cose buone che i mercanti esponevano, portate da cammelli e navi dalla terra dei Fenici. Ma mi sono saggiamente trattenuto.

Il dodicesimo mese dopo la partenza di Algamish, tornò di nuovo e mi disse: "Figlio, ti sei pagato non meno di un decimo di tutto quello che hai guadagnato durante l'anno scorso? '.

Risposi con orgoglio: "Sì, maestro, l'ho fatto". "Bene", rispose raggiante, "e cosa ne hai fatto?"

"L'ho dato ad Azmur, il muratore, che mi ha detto che viaggiava su mari lontani e che a Tiro avrebbe comprato per me i rari gioielli dei Fenici. Quando tornerà li venderemo a prezzi alti e divideremo il ricavato".

"Ogni sciocco deve imparare", ringhiò, "ma perché fidarsi della conoscenza dei gioielli da parte di un muratore? Andresti a chiedere le stelle al panettiere? No, per la mia veste, andresti dall'astrologo, se tu avessi il potere di pensare. I tuoi risparmi sono spariti, giovane, hai sradicato il tuo albero della ricchezza. Ma piantane un altro. Prova di nuovo. E la prossima volta, se vuoi un consiglio sui gioielli, vai dal gioielliere. Se vuoi la verità sulle pecore, vai dal pastore. Il consiglio è una cosa che si dà liberamente, ma fai attenzione ad ascoltare solo quello che vale la pena. Chiunque prenda consigli sui suoi risparmi da uno inesperto in tali questioni, pagherà con i suoi risparmi per dimostrare la falsità delle sue opinioni". Così dicendo, se ne andò.

Ed è stato come ha detto. Perché i Fenici sono furfanti e hanno venduto ad Azmur pezzi di vetro senza valore che sembravano gemme. Ma come Algamish mi aveva ordinato, rimisi ogni decimo di rame, perché ormai avevo acquisito l'abitudine e non mi era più difficile.

Di nuovo, dodici mesi dopo, Algamish venne nella sala degli scrivani e si rivolse a me.

"Che progressi hai fatto dall'ultima volta che ti ho visto?".

"Mi sono pagato fedelmente", risposi, "e i miei risparmi li ho affidati ad Agger, il fabbricante di scudi, per comprare il bronzo, e ogni quattro mesi mi paga un affitto".

"E cosa fai con l'affitto? "Faccio un grande banchetto con miele, vino pregiato e torta speziata. Mi sono anche comprato una tunica scarlatta. E un giorno mi comprerò un asinello da cavalcare". Al che Algamish rispose ridendo: "Tu mangi i frutti dai tuoi risparmi. Quindi come ti aspetti che funzioni? "

"Procurati prima un esercito di schiavi d'oro, e poi potrai goderti molti ricchi banchetti senza rimpianti". Così dicendo, se ne andò di nuovo.

Non lo rividi per due anni, quando tornò di nuovo e il suo viso era pieno di rughe profonde e i suoi occhi si erano abbassati, perché stava diventando un uomo molto vecchio. E mi disse: "Arkad, hai ora raggiunto la ricchezza che sognavi?".

E io ho risposto: "Non ancora tutto quello che voglio, ma ho qualcosa e guadagno di più, e i profitti aumentano".

"E tu segui ancora i consigli dei muratori?"

"Danno buoni consigli, su come fare i mattoni", risposi.

"Arkad", continuò, "hai imparato bene le tue lezioni. Prima hai imparato a vivere con meno di quello che puoi guadagnare. Poi hai imparato a cercare il consiglio di coloro che, per la loro esperienza, erano competenti a darlo. E, infine, hai imparato a far lavorare l'oro per te.

Hai imparato come acquisire denaro, come risparmiarlo e come usarlo. Pertanto, sei competente per una posizione di responsabilità. Sto diventando vecchio. I miei figli pensano solo a spendere e non pensano a guadagnare. I miei interessi sono grandi e ho paura che ci siano troppe cose di cui occuparsi. Se vai a Nippur e ti occupi delle mie terre, ti farò diventare mio socio e condividerò le mie ricchezze."

Così andai a Nippur e mi occupai delle sue proprietà, che erano grandi. E poiché ero pieno di ambizione e avevo imparato le tre leggi per gestire con successo la ricchezza, sono stato in grado di aumentare notevolmente il valore delle sue proprietà.

Così ho prosperato molto, e quando lo spirito di Algamish è partito per la sfera delle tenebre, ho condiviso il suo patrimonio come aveva disposto, secondo la legge". Così parlò Arkad, e quando ebbe finito il suo racconto, uno dei suoi amici disse: "Sei stato davvero fortunato che Algamish ti abbia fatto erede".

"Fortunato solo in quanto avevo il desiderio di prosperare prima di incontrarlo; non ho forse dimostrato per quattro anni la mia fermezza di propositi trattenendo un decimo di tutto quello che avevo guadagnato? Chiamereste fortunato un pescatore che per anni ha studiato così bene le abitudini dei pesci che ad ogni cambiamento di vento poteva gettare le sue reti su di loro? La Fortuna è una dea altera che non perde tempo con gli impreparati."

"Hai avuto una grande forza di volontà per andare avanti dopo aver perso i risparmi del primo anno. In questo senso sei eccezionale", ha detto un altro.

"Forza di volontà!" rispose Arkad. "Pensi che la forza di volontà dia all'uomo la forza di sollevare un carico che il cammello non può portare, o di trascinare un carico che i buoi non possono spostare? La forza di volontà non è altro che il proposito incrollabile di portare a termine il compito che ci si è prefissati. Se mi prefiggo un compito, per quanto insignificante, lo porto a termine. Altrimenti, come posso avere fiducia in me stesso per fare cose importanti? Se mi dicessi: "Per cento giorni, quando attraverserò il ponte verso la città, raccoglierò un sasso dalla strada e lo getterò nel torrente", lo farei.

Se il settimo giorno passassi senza ricordare, non direi a me stesso: 'Domani getterò due sassolini, andrà bene comunque. Invece, tornerei sui miei passi e lancerei il sasso. Né il ventesimo giorno mi direi: "Arkad, è inutile; a che serve gettare un sasso ogni giorno? Lanciane una manciata e falla finita". No, non lo direi e non lo farei. Quando mi do un compito, lo faccio. Ecco perché sto attento a non iniziare compiti difficili e poco pratici, perché amo il tempo libero."

E poi un altro amico prese la parola e disse: "Se quello che dici è vero, e sembra, come hai detto, ragionevole, essendo così semplice, se tutti gli uomini lo facessero, non ci sarebbe abbastanza ricchezza per tutti".

"La ricchezza cresce dove gli uomini esercitano la loro energia", rispose Arkad. "Se un uomo ricco costruisce un nuovo palazzo, l'oro che paga va a lui?"

"No, il muratore ha una parte, e l'operaio ha una parte, e l'artista ha una parte. E tutti quelli che lavorano in casa hanno una quota. Ma quando il palazzo è finito, non vale forse tutto quello che è costato? E il terreno su cui si trova non vale forse di più perché è lì? E la terra intorno non vale forse di più perché è lì? La ricchezza cresce magicamente. Nessun uomo può profetizzare il suo limite. I Fenici non hanno forse costruito grandi città su rive aride con la ricchezza che proviene dalle loro navi commerciali sui mari?"

"Allora cosa ci consigli di fare per arricchirci anche noi?" chiese un altro dei suoi amici. "Gli anni sono passati e non siamo più giovani e non abbiamo nulla da parte".

"Vi consiglio di prendere la saggezza di Algamish e di dire a voi stessi: 'Una parte di tutto ciò che guadagno è mia da tenere'. Ditelo la mattina quando vi alzate. Ditelo a mezzogiorno. Ditelo la sera.

Ditelo ogni ora di ogni giorno. Ditelo a voi stessi fino a che le parole si stagliano come lettere di fuoco nel cielo.

Siate colpiti dall'idea. Riempitevi dell'idea. Allora prendetene tanto quanto vi sembra saggio. Che non sia meno di un decimo, e mettetelo da parte. Organizzate le vostre altre spese per farlo, se necessario. Ma prima mettete da parte quello. Vi renderete presto conto della sensazione di ricchezza che deriva dal possedere un tesoro al quale solo voi avete diritto. Man mano che cresce, vi stimolerà. Una nuova gioia di vivere vi entusiasmerà.

Lavorerete di più per guadagnare di più. Visto l'aumento dei vostri guadagni, la stessa percentuale non sarà comunque vostra da tenere?

Allora imparate a far lavorare il tuo tesoro per voi. Fallo diventare il vostro schiavo. Fate lavorare per voi i suoi figli e i figli dei suoi figli.

Assicuratevi un reddito per il vostro futuro. Guardate gli anziani e non dimenticate che nei giorni a venire anche voi sarete come loro. Perciò, investite il vostro tesoro con la massima cautela, per non perderlo. I tassi di interessi degli usurai sono sirene ingannevoli che cantano solo per attirare gli incauti verso le rocce della perdita e del rimorso.

Fate anche attenzione che la vostra famiglia non sia in difficoltà nel caso in cui gli dei vi chiamino nei loro regni. Per tale protezione è sempre possibile provvedere con piccoli pagamenti a intervalli regolari. Pertanto, l'uomo previdente non tarda ad aspettare che una grande somma sia disponibile per uno scopo così saggio.

Consigliatevi con gli uomini saggi. Cercate il consiglio di uomini il cui lavoro quotidiano è maneggiare il denaro. Che vi salvino da un errore come quello che ho fatto io stesso affidando il mio denaro al giudizio di Azmur, il muratore. Un profitto piccolo e sicuro è molto più desiderabile del rischio.

Godetevi la vita mentre siete qui. Non sforzatevi troppo e non cercate di risparmiare troppo. Se un decimo di tutto quello che guadagnate è il massimo che potete risparmiare comodamente, accontentatevi di quella parte. Per il resto, vivete nei limiti del vostro reddito e non siate avari o timorosi di spendere. La vita è buona e ricca di cose utili da godere.

I suoi amici lo ringraziarono e se ne andarono. Alcuni rimasero in silenzio perché non avevano immaginazione e non potevano capire. Alcuni erano sarcastici perché pensavano che una persona così ricca dovesse dividere con vecchi amici che non erano così fortunati. Ma alcuni avevano una nuova luce negli occhi. Realizzarono che Algamish era tornato ogni volta nella sala degli scribi perché stava guardando un uomo che usciva dalle tenebre e andava verso la luce. Quando quell'uomo avesse trovato la luce, un posto lo avrebbe aspettato. Nessuno avrebbe potuto occupare quel posto finché lui stesso non avesse elaborato la propria comprensione, finché non fosse stato pronto per l'opportunità.

Furono questi ultimi che, negli anni seguenti, tornarono spesso a visitare Arkad, che li ricevette con piacere. Li consigliava e trasmetteva loro liberamente la sua saggezza, come fanno sempre gli uomini di grande esperienza. E li aiutò a investire i loro risparmi in modo tale da portare loro un buon interesse con sicurezza e non perdersi e impigliarsi in investimenti che non davano guadagni.

La svolta nella vita di questi uomini avvenne quel giorno quando si resero conto della verità che era venuta da Algamish ad Arkad e da Arkad a loro.

Sette rimedi per un portafogli vuoto

La gloria di Babilonia resiste. Attraverso le epoche, la sua reputazione arriva fino a noi come la più ricca delle città, i suoi tesori come favolosi.

Tuttavia, questo non è sempre stato il caso. Le ricchezze di Babilonia erano il risultato della saggezza del suo popolo.

Prima dovevano imparare a diventare ricchi.

Quando il buon re, Sargon, tornò a Babilonia dopo aver sconfitto i suoi nemici, gli Elamiti, si trovò in una situazione grave. Il cancelliere reale lo spiegò al re in questo modo:

"Dopo molti anni di grande prosperità portata alla nostra città perché Vostra Maestà ha costruito i grandi canali d'irrigazione e i possenti templi degli dei, ora che queste opere sono completate la città sembra incapace di sostenersi.

I lavoratori sono disoccupati. I negozianti hanno pochi clienti. I contadini non possono vendere i loro prodotti. Il popolo non ha abbastanza oro per comprare il cibo."

"Ma dov'è finito tutto l'oro che abbiamo speso per questi grandi miglioramenti?" chiese il re.

"Temo che sia finito nelle mani di alcuni uomini molto ricchi della nostra città", rispose il cancelliere. "È passato attraverso le dita della maggior parte della nostra gente con la stessa rapidità con cui il latte di capra passa attraverso un setaccio. Ora che il flusso dell'oro ha smesso di scorrere, la maggior parte della nostra gente non ha nulla per i suoi guadagni."

Il re rimase pensieroso per qualche tempo. Poi chiese: "Perché così pochi uomini possono acquisire tutto l'oro?

"Perché sanno come fare", ha risposto il cancelliere. "Non si può condannare un uomo che ha successo perché sa come farlo. Né si può, per equità, togliere a un uomo ciò che ha giustamente guadagnato, e darlo a uomini di minore abilità".

"Ma perché", chiese il re, "non dovrebbe tutto il popolo imparare ad accumulare oro e diventare così ricco e prospero?"

"È possibile, Eccellenza, ma chi può insegnarglielo? Certamente non i preti, perché non sanno nulla di come fare soldi."

"Chi in tutta la nostra città sa meglio come diventare ricco, cancelliere?" chiese il re.

"La vostra domanda si risponde da sola, Maestà: chi ha accumulato la più grande ricchezza, a Babilonia?"

"Ben detto, mio abile cancelliere. È Arkad. È l'uomo più ricco di Babilonia. Portalo davanti a me domani."

Il giorno dopo, come il re aveva decretato, Arkad si presentò davanti a lui, eretto e agile nonostante i suoi sette decenni di età.

"Arkad", parlò il re, "è vero che sei l'uomo più ricco di Babilonia?"

"Così si dice, vostra Maestà, e nessuno lo contesta. "Come sei diventato così ricco?"

"Sfruttando le opportunità disponibili per tutti i cittadini della nostra buona città".

"Non avevi niente per cominciare?"

"Solo un grande desiderio di ricchezza. A parte questo, niente."

"Arkad", continuò il re, "la nostra città è in uno stato molto infelice perché pochi uomini sanno come acquisire la ricchezza e quindi la monopolizzano, mentre la massa dei cittadini non sa come conservare una parte dell'oro che riceve. È mio desiderio che Babilonia sia la città più ricca del mondo. Pertanto, deve essere una città con molti uomini ricchi. Dobbiamo quindi insegnare a tutti come acquisire ricchezza. Dimmi, Arkad, c'è un segreto per acquisire ricchezza? Si può insegnare?."

"È pratico, vostra Maestà. Quello che un uomo sa può essere insegnato ad altri".

Gli occhi del re brillavano. "Arkad, tu dici le parole che vorrei sentire.

Ti presterai a questa grande causa, insegnerai la tua conoscenza a una scuola di insegnanti, ognuno dei quali insegnerà ad altri fino a quando ce ne saranno abbastanza formati per insegnare queste verità a tutti i degni sudditi del mio dominio?".

Arkad si inchinò e disse: "Sono un tuo umile servitore. Qualunque conoscenza io possieda, la darò volentieri per il miglioramento dei miei compagni e per la gloria del mio Re. Lascia che il tuo buon cancelliere mi organizzi una classe di cento uomini e io insegnerò loro quelle sette cure che ingrassarono la mia borsa, quando ancora non c'era borsa più magra in tutta Babilonia".

Una quindicina di giorni dopo, eseguendo dell'ordine del re, i cento eletti si riunirono nella grande sala del Tempio dell'Insegnamento, seduti su anelli colorati in semicerchio. Arkad sedeva accanto a un piccolo sgabello sul quale fumava una lampada sacra che emanava uno strano e piacevole odore.

"Ecco l'uomo più ricco di Babilonia", sussurrò uno studente, dando una gomitata al suo vicino mentre Arkad si alzava. "Non è che un uomo come tutti noi".

"Come suddito obbediente del nostro grande re", iniziò Arkad, "vengo davanti a voi al suo servizio. Poiché un tempo ero un povero giovane che desiderava molto l'oro, e poiché ho trovato la conoscenza che mi ha permesso di acquisirlo, il re mi chiede di impartirvi la mia conoscenza.

Ho iniziato la mia fortuna nel modo più umile. Non avevo nessun vantaggio di cui voi e tutti i cittadini di Babilonia non godete. Il primo magazzino del mio tesoro era un misero borsellino. Detestavo il fatto che fosse inutilmente vuoto. Avrei voluto che fosse rotondo e pieno, che tintinnasse con il suono dell'oro. Così ho cercato tutti i rimedi per una borsa vuota. Ne ho trovati sette.

A voi che siete riuniti davanti a me, spiegherò i sette rimedi per una borsa magra, rimedi che raccomando a tutti gli uomini che desiderano molto oro. Ogni giorno, per sette giorni, vi spiegherò uno dei sette rimedi.

Ascoltate attentamente la conoscenza che sto per impartirvi. Parlatene con me. Discutetene tra di voi. Imparate bene queste lezioni, affinché possiate anche piantare nella vostra borsa il seme della ricchezza. Per prima cosa, ognuno di voi deve iniziare saggiamente a costruire una propria fortuna. Allora sarete competenti, e solo allora, per insegnare queste verità agli altri.

Vi insegnerò in modo semplice come ingrassare i vostri portafogli. Questo è il primo passo che porta al tempio della ricchezza, e nessun uomo può salire se non può piantare i piedi saldamente sul primo gradino.

Consideriamo ora il primo rimedio.

Il primo rimedio

Arkad si voltò verso un uomo pensieroso in seconda fila. "Mio buon amico, che mestiere fai?"

"Io", rispose l'uomo, "sono uno scriba e incido documenti su tavolette d'argilla".

"Con quello stesso lavoro ho guadagnato i miei primi soldi da solo. Quindi hai la stessa opportunità di costruire una fortuna.

Si voltò verso un uomo dal viso florido più indietro. "Dimmi anche tu cosa fai per vivere."

"Sono un macellaio", rispose, "Compro le capre che i contadini allevano, le macello e vendo la carne alle casalinghe e le pelli ai fabbricanti di sandali."

"Visto che anche tu lavori e guadagni, hai tutti i vantaggi per avere successo che avevo io".

Così Arkad procedette a scoprire come ogni uomo lavorava per vivere. Quando ebbe finito di interrogarli, disse:

"Ora, miei allievi, potete vedere che ci sono molti mestieri e molti lavori in cui gli uomini possono guadagnare denaro. Ognuno dei modi di guadagnare è un flusso d'oro da cui il lavoratore devia con le sue fatiche una parte e la mette nella propria borsa.

Perciò nella borsa di ognuno di voi scorre un flusso di monete, grande o piccolo, secondo la vostra capacità, non è così?".

Gli uomini convennero che era così. "Allora", continuò Arkad, "se ognuno di voi vuole costruirsi una fortuna, non è forse saggio iniziare utilizzando quella fonte di ricchezza che ha già?"

A questo furono d'accordo.

Poi Arkad si rivolse a un uomo umile che si era dichiarato un mercante di uova. "Se scegli uno dei tuoi cesti e ci metti dentro ogni mattina dieci uova e ne tiri fuori ogni sera nove, cosa succederà alla fine? Col tempo diventerà stracolmo, perché?"

"Perché ogni giorno depongo un uovo in più di quello che tiro fuori".

Arkad si rivolse alla classe con un sorriso. "Qualcuno qui ha un portafogli vuoto?"

All'inizio sembravano divertiti. Poi si misero a ridere. Infine, agitarono scherzosamente i loro portafogli.

"Molto bene", continuò, "ora vi dirò il primo rimedio che ho imparato per curare un portafoglio magro.

Fate esattamente come ho suggerito al commerciante di uova. Per ogni dieci monete che mettete nel vostro borsellino, prendetene solo nove da usare. La vostra borsa comincerà subito a ingrassare e il suo peso crescente si sentirà nella tua mano e porterà soddisfazione alla tua anima.

Non prendete in giro quello che dico per la sua semplicità. La verità è sempre semplice. Vi ho detto che avrei raccontato come ho costruito la mia fortuna. Questo è stato il mio inizio. Anch'io avevo un borsellino vuoto e lo maledicevo perché non c'era niente dentro per soddisfare i miei desideri. Ma quando ho cominciato a tirare fuori dal mio portafoglio solo nove parti delle dieci che ho messo dentro, ha cominciato a ingrassare. Anche il vostro lo farà.

Ora dirò una strana verità, di cui non conosco la ragione. Quando ho smesso di pagare più di nove decimi del mio reddito, me la sono cavata altrettanto bene. Non ero più povero di prima. Inoltre, dopo poco tempo, le monete mi sono venute più facilmente di prima. Certamente, è una legge degli dei che a colui che risparmia e non spende una certa parte di tutti i suoi guadagni, l'oro arriva più facilmente.

Allo stesso modo, colui la cui borsa è vuota l'oro lo evita.

È la gratificazione dei vostri desideri quotidiani che conta, un gioiello, un po' di eleganza, vestiti migliori, più cibo; cose che se ne vanno rapidamente e vengono dimenticate? O sono i beni sostanziali, l'oro, la terra, gli armenti, le materie prime, gli investimenti che portano reddito? Le monete che tirate fuori dalla vostra borsa porteranno la prima cosa. Le monete che ci lasciate dentro porteranno il reddito.

Questa, miei studenti, è stato il primo rimedio che ho scoperto per il mio borsellino magro: 'Per ogni dieci monete che metto, ne spendo solo nove'. Discutetene tra di voi. Se qualcuno prova che non è vero, che me lo dica domani quando ci incontreremo di nuovo."

Il secondo rimedio

"Alcuni di voi, miei studenti, mi hanno fatto la seguente domanda:

'Come può un uomo tenere nella sua borsa un decimo di tutto quello che guadagna, quando tutte le monete che guadagna non sono sufficienti per le sue spese necessarie?'". Così Arkad si rivolse ai suoi studenti il secondo giorno.

"Ieri, quanti di voi avevano borsellini magri?"

"Tutti", rispose la classe.

"Tuttavia, non tutti guadagnano lo stesso. Alcuni guadagnano molto più di altri. Alcuni hanno famiglie molto più grandi da mantenere. Tuttavia, tutte le borse sono ugualmente magre. Ora vi dirò una verità insolita sugli uomini e sui figli degli uomini. È questa: quello che ognuno di noi chiama le sue "spese necessarie" crescerà sempre fino ad eguagliare il nostro reddito, a meno che non si protesti per il contrario.

Non confondete le vostre spese necessarie con i vostri desideri. Ognuno di voi, insieme alle vostre buone famiglie, ha più desideri di quelli che il vostro reddito può soddisfare. Pertanto, i vostri guadagni sono spesi per gratificare questi desideri nella misura in cui è possibile. Tuttavia, conserviamo molti desideri insoddisfatti.

Tutti gli uomini sono oppressi da più desideri di quelli che possono appagare. A causa della mia ricchezza pensate che io possa soddisfare tutti i desideri? È un'idea falsa. Ci sono limiti al mio tempo. Ci sono limiti alla mia forza. Ci sono limiti alla distanza che posso percorrere. Ci sono limiti a ciò che posso mangiare. Ci sono limiti all'entusiasmo con cui posso divertirmi.

Io vi dico che, come le erbacce crescono in un campo ovunque il contadino lasci spazio alle loro radici, così anche i desideri crescono liberamente negli uomini ogni volta che c'è la possibilità di soddisfarli. I nostri desideri sono molti e quelli che possiamo soddisfare sono pochi.

Osservate attentamente le vostre abitudini di vita. In esse si trovano spesso alcune spese che possono essere saggiamente ridotte o eliminate. Che il vostro motto sia apprezzare al cento per cento il valore apprezzato di ogni moneta spesa.

Perciò, incidete sull'argilla ogni cosa per cui volete spendere. Scegliete le cose che sono necessarie e altre che sono possibili usando i nove decimi del vostro reddito. Eliminate il resto e consideratelo solo una parte di quella grande moltitudine di desideri che devono rimanere insoddisfatti, e non rimpiangeteli.

Mettete a bilancio le vostre spese necessarie. Non toccate la decima parte, che fa ingrassare la borsa. Lasciate che questo sia il vostro grande desiderio che si sta realizzando. Continuate a lavorare con quanto avete, continuate ad aggiustarlo per aiutarvi. Fatene il vostro primo aiutante per difendere la vostra borsa ingrassata."

In quel momento, uno degli studenti, con una tunica rossa e oro, si alzò e disse: "Sono un uomo libero. Credo di avere il diritto di godere delle cose belle della vita. Ecco perché mi ribello alla schiavitù di nove monete che determinano quanto posso spendere e per cosa. Penso che questo toglierebbe molto piacere alla mia vita e mi renderebbe poco più che un asino che porta un carico."

A lui, Arkad rispose: "Chi, amico mio, determinerebbe il tuo bilancio?"

"Lo farei io stesso", rispose lo studente.

"In questo caso, se un asino da soma dovesse preventivare il suo carico, includerebbe gioielli e tappeti e pesanti lingotti d'oro? Non è così. Includerebbe fieno e grano e una borsa d'acqua per la strada del deserto.

Lo scopo di un bilancio è quello di aiutarvi a ingrassare il vostro portafoglio. È per aiutarvi a soddisfarei vostri bisogni e, per quanto possibile, gli altri desideri. È per permettervi di realizzare i vostri desideri più cari difendendoli dai vostri desideri casuali. Come una luce brillante in una caverna buia, il vostro bilancio mostra le falle nel vostro portafoglio e vi permette di fermarle e di controllare le vostre spese per scopi definiti e gratificanti.

Questo è il secondo rimedio per la scarsità di denaro. Fate un bilancio delle vostre spese in modo da avere monete per pagare le vostre necessità, per pagare i vostri divertimenti e per gratificare i vostri preziosi desideri senza spendere più dei nove decimi dei vostri guadagni."

Il terzo rimedio

"Ecco, il vostro borsellino magro sta ingrassando. Avete disciplinato voi stessi per lasciarci dentro un decimo di tutto quello che guadagnate. Avete controllato le vostre spese per proteggere il vostro tesoro in crescita. In seguito, considereremo i mezzi per mettere il vostro tesoro al lavoro e per farlo aumentare. L'oro in una borsa è gratificante da possedere e soddisfa un'anima avida, ma non fa guadagnare nulla. L'oro che possiamo trattenere dai nostri guadagni è solo un inizio. I profitti da realizzare costruiranno la nostra fortuna". Così parlò Arkad il terzo giorno alla sua classe.

"Come possiamo dunque mettere il nostro oro al lavoro? Il mio primo investimento è stato sfortunato, perché ho perso tutto. La sua storia la racconterò più tardi. Il mio primo investimento redditizio fu un prestito che feci a un uomo chiamato Aggar, un fabbricante di scudi. Una volta all'anno comprava grandi carichi di bronzo portati dall'altra parte del mare per usarli nel suo commercio. Non avendo un capitale sufficiente per pagare i mercanti, prendeva in prestito da coloro che avevano monete in più. Era un uomo onesto. I suoi prestiti furono ripagati, insieme a un generoso affitto, quando vendette i suoi scudi.

Ogni volta che gli ho prestato qualcosa, gli ho anche restituito l'affitto che mi aveva pagato. Così non solo il mio capitale è aumentato, ma anche i suoi guadagni. La cosa più gratificante era che queste somme tornavano nel mio portafoglio.

Vi dico, miei studenti, che la ricchezza di un uomo non è nelle monete che porta nella sua borsa; è il reddito che costruisce, il flusso d'oro che scorre continuamente nella sua borsa e la mantiene sempre gonfia. Questo è ciò che ogni uomo desidera. Questo è ciò che voi, ognuno di voi, desidera; un reddito che continua ad arrivare sia che lavoriate o che viaggiate.

Ho acquisito un grande reddito. Così grande che mi definiscono un uomo molto ricco. I miei prestiti ad Aggar sono stati la mia prima formazione in investimenti redditizi. Guadagnando saggezza da questa esperienza, ho ampliato i miei prestiti e investimenti man mano che il mio capitale aumentava. Da poche fonti di denaro all'inizio, a molte fonti in seguito, è fluito nel mio portafoglio un flusso d'oro di ricchezza disponibile per gli usi saggi che ho scelto. "Ecco, dai miei umili guadagni avevo generato un tesoro di schiavi d'oro, ognuno dei quali lavorava e guadagnava più oro. Come loro lavoravano per me, così lavoravano i loro figli e i figli dei loro figli, finché il reddito dei loro sforzi combinati era grande.

L'oro sale rapidamente quando si ottengono profitti ragionevoli, come vedrete nella storia di seguito.

Un contadino, quando nacque il suo primo figlio, portò dieci pezzi d'argento a un usuraio e gli chiese di tenerli come risparmi per suo figlio fino a quando avesse avuto vent'anni. L'usuraio lo fece, e concordò che gli interessi sarebbero stati un quarto del suo valore ogni quattro anni. Il contadino chiese, poiché aveva riservato questa somma per suo figlio, che gli interessi fossero aggiunti al capitale.

Quando il ragazzo raggiunse i vent'anni, il contadino andò di nuovo dall'usuraio per chiedere l'argento. L'usuraio spiegò che, poiché la somma era stata aumentata dall'interesse composto, i dieci pezzi d'argento originali erano diventati trenta e mezzo.

Il contadino fu soddisfatto, e poiché il figlio non aveva bisogno delle monete, le lasciò all'usuraio. Quando il figlio raggiunse l'età di cinquant'anni, il creditore pagò al figlio, a titolo di risarcimento, centosessantasette pezzi d'argento.

Così, in cinquant'anni, l'investimento era stato moltiplicato quasi diciassette volte.

Questo, dunque, è il terzo rimedio per un borsellino magro: mettete ogni moneta al lavoro in modo che si riproduca come gli armenti del campo e contribuisca a portarvi un reddito, un flusso di ricchezza che fluisca costantemente nel vostro borsellino."

Il quarto rimedio

"La sfortuna ama un ciò che luccica. L'oro nella borsa di un uomo deve essere custodito saldamente, altrimenti si perde. Perciò è saggio che ci assicuriamo prima piccole quantità e impariamo a proteggerle prima che gli dei ci affidino quelle più grandi". Così parlò Arkad il quarto giorno alla sua classe.

"Ogni proprietario di oro è tentato da opportunità in cui sembrerebbe che potrebbe guadagnare grandi somme investendo nei progetti più plausibili. Spesso, amici e parenti entrano con entusiasmo in questi investimenti e lo spingono a perseguirli.

Il primo sano principio dell'investimento è la sicurezza del vostro capitale. È saggio essere intrigati da rendimenti più alti quando il vostro capitale può essere perso? Io dico di no. La pena del rischio è la perdita probabile. Studiate attentamente, prima di separarvi dal vostro tesoro, ogni garanzia che possa essere recuperato in modo sicuro. Non lasciatevi ingannare dai vostri desideri romantici di ricchezza rapida.

Prima di prestare ad un uomo, assicuratevi della sua capacità di ripagare e della sua reputazione per farlo, per evitare di dare involontariamente via il vostro tesoro duramente guadagnato.

Prima di affidarlo come investimento in qualsiasi campo, siate consapevoli dei pericoli che possono essere in agguato.

Il mio primo investimento è stato una tragedia per me all'epoca. I risparmi di un anno li affidai a un muratore, di nome Azmur, che viaggiava per i mari lontani e accettò di comprare per me a Tiro i rari gioielli dei Fenici. Li avremmo venduti al suo ritorno e avremmo diviso il ricavato.

I Fenici erano furfanti e gli vendettero pezzi di vetro. Il mio tesoro andò perduto. Oggi, la mia formazione mi mostrerebbe immediatamente la follia di affidare a un muratore l'acquisto di gioielli.

Pertanto, vi consiglio dalla saggezza delle mie esperienze: non fate troppo affidamento sulla vostra saggezza nell'affidare i vostri tesori alle possibili insidie degli investimenti. È molto meglio consultare la saggezza di coloro che hanno esperienza nel maneggiare il denaro a scopo di lucro. Questa consulenza è offerta gratuitamente e può avere un valore equivalente in oro alla somma che state considerando di investire. Infatti, enorme è il suo valore reale se ti salva dalla perdita.

Questo, dunque, è il quarto rimedio per una borsa magra, e di grande importanza se impedisce che la vostra borsa si svuoti quando è ben piena. Evitate che il vostro tesoro vada perduto investendo solo dove il vostro capitale è al sicuro, dove può essere recuperato se lo desiderate, e dove non mancherete di riscuotere un giusto reddito. Consultate i saggi. Assicuratevi di cercare il consiglio di chi ha esperienza nella gestione redditizia dell'oro. Lasciate che la loro saggezza protegga il vostro tesoro da investimenti poco sicuri.

Il quinto rimedio

"Se un uomo mette da parte nove parti dei suoi guadagni per vivere e godersi la vita, e se qualsiasi parte di queste nove parti può essere trasformata in un investimento redditizio senza danno per il suo benessere, allora i suoi tesori cresceranno molto più velocemente. Così Arkad parlò alla sua classe nella quinta lezione.

Troppi dei nostri uomini babilonesi allevano le loro famiglie in stanze sconvenienti. Pagano affitti liberali a padroni di casa esigenti per stanze in cui le loro mogli non hanno posto per far crescere i fiori che rallegrano il cuore di una donna, e i loro figli non hanno posto per giocare se non in vicoli sudici.

Nessuna famiglia di uomini può godere appieno della vita se non ha un appezzamento di terra dove i bambini possano giocare nella terra pulita e dove la moglie possa coltivare non solo fiori ma anche erbe buone e ricche per nutrire la sua famiglia.

Il cuore dell'uomo è contento di mangiare i fichi dei suoi alberi e l'uva delle sue viti. Possedere una casa propria e averla come un luogo di cui è orgoglioso di prendersi cura, mette fiducia nel suo cuore e un impegno maggiore dietro tutti i suoi sforzi. Pertanto, raccomando che ogni uomo sia proprietario del tetto che ripara.

Il nostro grande re non ha forse allargato così tanto le mura di Babilonia che all'interno di esse c'è molto terreno inutilizzato che può essere acquistato per somme molto ragionevoli?

Vi dico anche, miei studenti, che gli usurai considerano volentieri i desideri degli uomini che cercano case e terreni per le loro famiglie.

Potete facilmente prendere in prestito per pagare il muratore e il costruttore per tali lodevoli scopi, se potete anticipare una parte ragionevole della somma necessaria che voi stessi avete fornito per lo scopo.

Poi, quando la casa sarà costruita, potrete pagare il prestatore con la stessa regolarità con cui avete pagato il proprietario. Poiché ogni pagamento riduce il vostro debito verso il creditore, alcuni anni soddisferanno il vostro prestito.

Allora il vostro cuore si rallegrerà perché possedete una proprietà di valore a pieno titolo e il vostro unico costo saranno le tasse del re. Anche le vostre buone mogli andranno più spesso al fiume a lavare i vostri vestiti, così che ogni volta che tornerà porterà un otre d'acqua da versare sulle cose che crescono. Così molte benedizioni vengono all'uomo che possiede la propria casa. E ridurrà notevolmente il suo costo della vita, rendendo disponibili più guadagni per i piaceri e la gratificazione dei suoi desideri. Questo, dunque, è il quinto rimedio per la scarsità di denaro: possedere la propria casa".

Il sesto rimedio

"La vita di ogni uomo va dall'infanzia alla vecchiaia. Questo è il cammino della vita e nessun uomo può deviare da esso, a meno che gli dei non lo chiamino prematuramente al mondo dell'aldilà. Dico quindi che è opportuno che un uomo si prepari ad avere un reddito adeguato nei giorni a venire, quando non sarà più giovane, e che si prepari per la sua famiglia nel caso in cui non sia più con loro per confortarli e sostenerli. Questa lezione vi istruirà sulla fornitura di una borsa piena quando il tempo vi avrà resi meno capaci di imparare". Così Arkad si rivolse alla sua classe il sesto giorno.

"L'uomo che, grazie alla sua comprensione delle leggi della ricchezza, acquisisce denaro crescente, dovrebbe pensare a quei giorni futuri. Dovrebbe pianificare certi investimenti o provviste che possano tranquillamente durare per molti anni, ed essere disponibili quando arriva il momento che ha così saggiamente previsto.

Ci sono vari modi in cui un uomo può dare sicurezza al suo futuro. Egli può scegliere un nascondiglio e seppellirvi un tesoro segreto. Tuttavia, non importa quanto abilmente sia nascosto, può diventare un bottino per i ladri. Per questo motivo, non consiglio questo piano.

Un uomo può comprare case o terreni per questo scopo. Se sono scelti saggiamente per quanto riguarda la loro utilità e il loro valore futuro, sono permanenti nel loro valore, e il loro ricavato o la loro vendita forniranno il bene per il loro scopo.

Un uomo può prestare una piccola somma al prestatore e aumentarla a periodi regolari. Il reddito che il prestatore vi aggiunge contribuirà in gran parte al suo aumento. Conosco un fabbricante di sandali, di nome Ansan, che mi ha spiegato non molto tempo fa che ogni settimana, per otto anni, ha depositato presso il suo prestatore di denaro due pezzi d'argento. L'usuraio gli aveva da poco dato un conto di cui era molto contento. Il totale dei suoi piccoli depositi, con il suo affitto al tasso abituale di un quarto del loro valore per ogni quattro anni, era diventato mille e quaranta pezzi d'argento.

Lo incoraggiai ulteriormente mostrandogli con la mia conoscenza dei numeri che tra dodici anni, se avesse continuato a depositare regolarmente solo due pezzi d'argento ogni settimana, l'usuraio gli avrebbe dovuto 4000 pezzi d'argento, una degna concorrenza per il resto della sua vita.

Certamente, quando un pagamento così piccolo fatto regolarmente produce risultati così redditizi, nessun uomo può permettersi di non assicurarsi un tesoro per la sua vecchiaia e la protezione della sua famiglia, per quanto prosperi i suoi affari e investimenti possano essere.

Vorrei poter dire di più su questo. Nella mia mente riposa la convinzione che un giorno gli uomini saggi escogiteranno uno schema di assicurazione contro la morte per il quale molti uomini pagheranno regolarmente una somma irrisoria, e che il totale costituirà una somma generosa per la famiglia di ogni membro che passa nell'aldilà. Questo lo vedo come una cosa desiderabile, e che potrei raccomandare caldamente.

Ma oggi non è possibile perché deve andare oltre la vita di qualsiasi uomo o di qualsiasi società per funzionare. Deve essere stabile come il trono del re. Un giorno sento che un tale piano sarà realizzato e sarà una grande benedizione per molti uomini, perché anche il primo piccolo pagamento metterà a disposizione della famiglia di un membro una fortuna adeguata in caso di morte.

Ma siccome viviamo nei nostri giorni e non nei giorni a venire, dobbiamo approfittare di quei mezzi e modi per realizzare i nostri scopi. Raccomando quindi a tutti gli uomini, con metodi saggi e ponderati, di provvedere a un borsellino magro nei loro anni maturi. Una misera borsa per un uomo che non può più guadagnare o per una famiglia senza il suo capo è una tragedia dolorosa.

Questo, dunque, è il sesto rimedio per la mancanza di denaro. Provvedete in anticipo alle necessità della vostra età crescente e alla protezione della vostra famiglia".

Il settimo rimedio

"Oggi, miei studenti, vi parlo di uno dei rimedi più vitali per un portafoglio sottile.

Non parlerò però dell'oro, ma di voi stessi, degli uomini che siedono davanti a me sotto le vesti di molti colori. Vi parlerò delle cose che sono nella mente e nella vita degli uomini e che lavorano a favore o contro il loro successo". Così Arkad si rivolse alla sua classe il settimo giorno.

"Non molto tempo fa un giovane è venuto da me in cerca di un prestito. Quando gli chiesi la causa del suo bisogno, si lamentò che il suo reddito era insufficiente per pagare le sue spese. Gli ho poi spiegato che, stando così le cose, era un cattivo cliente per il prestatore, dato che non aveva un'eccedenza di reddito per rimborsare il prestito.

"Quello di cui hai bisogno, giovanotto", dissi, "è di guadagnare più monete. Cosa stai facendo per aumentare la tua capacità di guadagno?"

"Tutto quello che posso fare", ha risposto. "Sei volte in due lune sono andato dal mio padrone per chiedergli di aumentare la mia paga, ma senza successo. Nessun uomo può andare più volte."

"Possiamo sorridere della sua semplicità, ma possedeva uno dei requisiti vitali per aumentare i suoi guadagni. Dentro di lui c'era un forte desiderio di guadagnare di più, un desiderio giusto e lodevole.

Prima della realizzazione ci deve essere il desiderio. I vostri desideri devono essere forti e definiti. I desideri generali non sono che deboli aneliti. Per un uomo desiderare di essere ricco serve a poco. Per un uomo desiderare cinque pezzi d'oro è un desiderio tangibile che può premere per essere realizzato. Una volta che ha sostenuto il suo desiderio di cinque pezzi d'oro con la forza del proposito di ottenerli, può trovare modi simili per ottenere dieci pezzi, poi venti pezzi, e poi mille pezzi, ed ecco, è diventato ricco. Imparando ad assicurarsi il suo piccolo e definito desiderio, si è allenato ad assicurarsene uno più grande. Questo è il processo con cui si accumula la ricchezza: prima in piccole somme, poi in somme più grandi man mano che un uomo impara e diventa più capace.

I desideri devono essere semplici e definiti. Essi sconfiggono il loro stesso scopo se sono troppo numerosi, troppo confusi o al di là della formazione di un uomo.

Come un uomo migliora nella sua vocazione, così fa la sua capacità di guadagno. A quei tempi, quando ero un umile scriba che scolpiva l'argilla per poche monete di rame ogni giorno, osservavo che altri lavoratori facevano più di me ed erano pagati di più. Pertanto, ho deciso che non sarei stato superato da nessuno. Né ho scoperto presto la ragione del loro maggior successo. Più interesse nel mio lavoro, più concentrazione sul mio compito, più persistenza nel mio sforzo e, ecco, pochi uomini potevano intagliare più tavolette in un giorno di quanto potessi fare io. Con ragionevole prontezza la mia maggiore abilità fu premiata, né fu necessario che andassi sei volte dal mio maestro per il riconoscimento.

Più conosciamo la saggezza, più possiamo guadagnare. L'uomo che cerca di imparare di più del suo mestiere sarà riccamente ricompensato. Se è un artigiano, può cercare di imparare i metodi e gli strumenti di quelli più abili nella stessa linea. Se è un avvocato o un medico, può consultare e scambiare conoscenze con altri nella stessa professione. Se è un commerciante, può cercare continuamente prodotti migliori che possono essere acquistati a prezzi più bassi.

Gli affari dell'uomo cambiano e migliorano continuamente perché gli uomini di mente acuta cercano una maggiore abilità per poter servire meglio coloro dal cui patrocinio dipendono. Perciò, esorto tutti gli uomini ad essere in prima fila nel progresso e a non stare fermi, per non essere lasciati indietro. Molte cose vengono ad arricchire la vita di un uomo con esperienze proficue. Cose come le seguenti, che un uomo deve fare se rispetta se stesso.

Deve pagare i suoi debiti il più presto possibile, non comprando ciò che non piò pagare.

Deve prendersi cura della sua famiglia affinché pensino e parlino bene di lui.

Dovrebbe registrare il suo testamento in modo che, se gli dei lo chiamassero, venga fatta una divisione corretta e onorevole dei suoi beni.

Deve avere compassione per i feriti e i colpiti dalla sfortuna e aiutarli entro limiti ragionevoli. Deve compiere atti di considerazione per i suoi cari.

Così, il settimo e ultimo rimedio per un portafoglio magro è quello di coltivare le proprie facoltà, di studiare e diventare più saggi, di diventare più abili, di agire in modo tale da rispettare se stessi. Così acquisterete la fiducia in voi stessi per raggiungere i vostri desideri attentamente considerati.

Queste, dunque, sono le sette cure per una borsa vuota, che, per l'esperienza di una vita lunga e di successo, raccomando a tutti gli uomini che desiderano la ricchezza. C'è più oro in Babilonia, miei allievi, di quanto voi ne sogniate. C'è abbastanza per tutti.

Andate avanti e mettete in pratica queste verità, affinché possiate prosperare e arricchirvi, come è vostro diritto.

Andate e insegnate queste verità in modo che ogni onorevole suddito di sua maestà possa anche partecipare generosamente all'ampia ricchezza della nostra amata città.

Incontrare la dea della fortuna

"Se un uomo è fortunato, non si può prevedere la possibile portata della sua fortuna. Gettalo nell'Eufrate e probabilmente ne uscirà a nuoto con una perla in mano".

-Proverbio babilonese.

Il desiderio di fortuna è universale. Era tanto forte nei petti degli uomini quattromila anni fa nell'antica Babilonia quanto lo è oggi nei cuori degli uomini. Tutti speriamo di essere favoriti dalla capricciosa dea della fortuna.

C'è un modo per incontrarla e attirare non solo la sua attenzione favorevole, ma i suoi generosi favori? C'è un modo per attirare la fortuna? Questo è esattamente ciò che gli uomini dell'antica Babilonia volevano sapere. Questo è esattamente ciò che hanno deciso di scoprire. Erano uomini scaltri e pensatori acuti. Questo spiega perché la loro città divenne la più ricca e potente del tempo.

In un lontano passato, non avevano scuole o università. Tuttavia, avevano un centro di apprendimento molto pratico. Tra le torri di Babilonia ce n'era una che era importante quanto il Palazzo del Re, i Giardini Pensili e i templi degli Dei. Non è quasi mai menzionata nei libri di storia, se non di sfuggita, ma ha esercitato una potente influenza sul pensiero dell'epoca.

Questo edificio era il Tempio dell'Apprendimento, dove la saggezza del passato veniva esposta da insegnanti volontari e dove argomenti di interesse popolare venivano discussi in forum aperti. All'interno delle sue mura tutti gli uomini si incontravano alla pari. Il più umile degli schiavi poteva discutere impunemente le opinioni di un principe della casa reale.

Tra i molti che frequentavano il Tempio dell'Apprendimento c'era un ricco saggio di nome Arkad, chiamato l'uomo più ricco di Babilonia. Aveva la sua stanza speciale dove quasi ogni sera un grande gruppo di uomini, alcuni vecchi, alcuni molto giovani, ma la maggior parte di mezza età, si riuniva per discutere e argomentare argomenti interessanti. Supponiamo di ascoltare per vedere se sanno come attirare la fortuna.

Il sole era appena tramontato come una grande palla di fuoco rossa che brillava attraverso la foschia della polvere del deserto quando Arkad si diresse verso la sua solita piattaforma. Già quattro dozzine di uomini aspettavano il suo arrivo, sdraiati sui loro piccoli tappeti stesi a terra. Ne arrivavano ancora di più.

"Di cosa parleremo stasera?" chiese Arkad.

Dopo una breve esitazione, un alto tessitore di stoffe si rivolse a lui, alzandosi come di consueto. "C'è un argomento che vorrei far discutere, ma esito a proporlo per non sembrare ridicolo a te, Arkad, e ai miei buoni amici qui".

Esortato ad offrirlo, sia da Arkad che dalle chiamate degli altri, continuò: "Oggi sono stato fortunato, perché ho trovato una borsa in cui ci sono pezzi d'oro. Continuare ad essere fortunato è il mio grande desiderio. Sentendo che tutti gli uomini condividono con me questo desiderio, propongo di discutere su come attirare la fortuna, in modo da scoprire come attirarla".

"È stato offerto un argomento molto interessante", commentò Arkad, "uno molto degno della nostra discussione. Per alcuni uomini, la fortuna non è altro che un evento casuale che, come un incidente, può capitare senza scopo o ragione. Altri credono che l'istigatore di tutta la fortuna sia la nostra dea più generosa, Ashtar, sempre desiderosa di ricompensare con doni generosi coloro che la compiacciono. Parlate, amici miei, che dite, dobbiamo cercare se c'è modo che la buona sorte visiti ognuno di noi?".

"Sì, sì, assolutamente! " rispose il crescente gruppo di avidi ascoltatori. Poi Arkad continuò: "Per iniziare la nostra discussione, ascoltiamo prima quelli tra noi che hanno goduto di esperienze simili a quella del tessitore di stoffe nel trovare o ricevere, senza sforzo da parte loro, tesori o gioielli preziosi".

Ci fu una pausa in cui tutti si guardarono intorno aspettando che qualcuno rispondesse, ma nessuno lo fece.

"Cosa, nessuno?", disse Arkad, "allora questo tipo di fortuna deve essere rara. Chi ci suggerirà ora dove dovremmo continuare la nostra ricerca?"

"Io", disse un giovane ben vestito, alzandosi. "Quando un uomo parla di fortuna, non è naturale che il suo pensiero vada ai tavoli da gioco? Non è lì che troviamo molti uomini che corteggiano il favore della dea nella speranza che li benedica con ricchi guadagni?"

Quando si sedette di nuovo, una voce disse: "Non fermarti, continua la tua storia! Dicci, hai trovato il favore della dea ai tavoli da gioco? Hai girato i dadi con il lato rosso verso l'alto in modo che tu potessi riempire la tua borsa a spese del mazziere o ha permesso che i lati blu si alzassero in modo che il mazziere potesse prendere i tuoi sudati pezzi d'argento?."

Il giovane si unì alla risata bonaria, poi rispose: "Non posso resistere ad ammettere che la fortuna non sembrava sapere che ero lì. Ma che dire di voi altri? Avete trovato la fortuna in attesa in quei posti per far rotolare i dadi a vostro vantaggio? Siamo desiderosi di ascoltare e di imparare".

"Un saggio inizio", disse Arkad. "Ci riuniamo qui per considerare tutti gli aspetti di ogni questione. Ignorare il tavolo da gioco sarebbe trascurare un istinto comune alla maggior parte degli uomini, l'amore di rischiare una piccola quantità di argento nella speranza di vincere molto oro".

"Questo mi ricorda la corsa di ieri", disse un altro ascoltatore. "Se la dea frequenta i tavoli da gioco, non trascura certo le corse dove carri dorati e cavalli spumeggianti offrono molte più emozioni. Dicci sinceramente, Arkad, ti ha sussurrato ieri di scommettere su quei cavalli grigi di Ninive? Ero in piedi proprio dietro di te e non potevo credere alle mie orecchie quando ti ho sentito scommettere sui grigi. Sai bene come tutti noi che nessuna squadra in tutta l'Assiria può battere la nostra amata Bays in una gara leale.

La dea ti ha sussurrato all'orecchio di scommettere sui grigi perché all'ultima curva il nero interno sarebbe inciampato e avrebbe interferito così tanto con le nostre baie che i grigi avrebbero vinto la gara e segnato una vittoria immeritata?"

Arkad sorrise con indulgenza alla battuta. "Che motivo abbiamo di pensare che la buona dea si interessi così tanto alla scommessa di un uomo in una corsa di cavalli? Per me è una dea dell'amore e della dignità il cui piacere è quello di aiutare i bisognosi e premiare i meritevoli. Cerco di trovarla, non ai tavoli da gioco o nelle gare dove gli uomini perdono più oro di quello che vincono, ma in altri luoghi dove le azioni degli uomini hanno più valore e sono più degne di ricompensa. Nella coltivazione della terra, nel commercio onesto, in tutte le occupazioni dell'uomo, c'è la possibilità di trarre profitto dai suoi sforzi e dalle sue transazioni. Non può essere sempre premiato perché a volte il suo giudizio può essere sbagliato e a volte i venti e il tempo possono sconfiggere i suoi sforzi. Tuttavia, se si persiste, di solito ci si può aspettare di ottenere un profitto. Questo perché le probabilità di profitto sono sempre a nostro favore.

Ma, quando un uomo gioca d'azzardo, la situazione è invertita, perché le possibilità di vincere sono sempre contro di lui e sempre a favore di chi tiene il gioco. Il gioco è organizzato in modo da favorire sempre il mazziere. È il suo lavoro, con cui progetta di fare un profitto per se stesso dalle monete scommesse dai giocatori. Pochi giocatori si rendono conto di quanto sia certa la vincita del mazziere e di quanto siano incerte le loro stesse possibilità di vincita.

Per esempio, considerate le scommesse fatte sui dadi. Ogni volta che vengono lanciati, si scommette su quale lato sarà in alto. Se è il lato rosso, il gestore del gioco ci paga quattro volte la nostra scommessa. Ma se viene fuori un altro dei cinque lati, perdiamo la scommessa. Quindi, le cifre mostrano che per ogni lancio abbiamo cinque possibilità di perdere, ma poiché il rosso paga quattro a uno, abbiamo quattro possibilità di vincere. In una notte di gioco, il gestore del gioco può aspettarsi di trattenere un quinto di tutte le monete puntate. Può un uomo aspettarsi di vincere più di ogni tanto contro quote così disposte che deve perdere un quinto di tutte le sue scommesse?"

"Tuttavia, alcuni uomini a volte guadagnano grandi somme", disse uno degli ascoltatori.

"È vero, succede", continuò Arkad. "Quando mi rendo conto di questo, mi sorge la domanda se il denaro ottenuto in questo modo porta un valore permanente a coloro che sono così fortunati. Tra i miei conoscenti ci sono molti uomini di successo di Babilonia, eppure non riesco a nominarne uno solo che abbia iniziato il suo successo da una tale fonte.

Voi che siete qui riuniti stasera conoscete molti altri nostri cittadini di spicco. Sarebbe molto interessante per me sapere quanti dei nostri cittadini di successo possono attribuire il loro inizio di successo ai tavoli da gioco. Supponiamo che ognuno di voi parli di quelli che conosce, cosa dite?"

Dopo un silenzio prolungato, un uomo azzardò: "Includi i gestori di tavoli da gioco nella tua indagine?"

"Se non vi viene in mente nessun altro", rispose Arkad. "Se nessuno di voi riesce a pensare a qualcos'altro, che ne dite di voi stessi - c'è qualche vincitore coerente con noi che esiterebbe a consigliare una tale fonte di reddito?"

Alla sua sfida risposero con una serie di gemiti dalle ultime file, che si diffusero in mezzo a molte risate.

"Sembra che non cerchiamo fortuna nei luoghi frequentati dalla dea", continuò. "Pertanto, esploriamo altri campi. Non l'abbiamo trovata raccogliendo portafogli smarriti.

Né l'abbiamo trovata in giro per i tavoli da gioco. Per quanto riguarda le corse, devo confessare che ho perso molte più monete di quante ne ho vinte.

Ora, supponiamo di considerare i nostri commerci e i nostri affari; non è naturale che, se concludiamo una transazione redditizia, dovremmo considerarla non come una buona fortuna, ma come una giusta ricompensa per i nostri sforzi? Sono incline a pensare che forse stiamo trascurando i doni della dea. Forse ci assiste davvero quando non apprezziamo la sua generosità. Chi può suggerire una discussione più profonda?"

In quel momento, un anziano mercante si alzò, lisciando la sua nobile veste bianca. "Con il vostro permesso, onorevole Arkad e amici miei, offro un suggerimento. Se, come tu hai detto, accreditiamo la nostra industria e la nostra abilità per il nostro successo commerciale, perché non considerare i successi che abbiamo quasi goduto ma che abbiamo mancato, eventi che sarebbero stati più redditizi? Sarebbero stati rari esempi di fortuna se fossero realmente accaduti. Poiché non si sono verificati, non possiamo considerarli come la nostra giusta ricompensa. Sicuramente molti uomini qui hanno esperienze simili da raccontare".

"Questo è un approccio saggio", approvò Arkad. "Chi di voi ha avuto la fortuna a portata di mano per poi vedersela sfuggire?".

Molte mani si sono alzate, compresa quella del mercante. Arkad gli fece cenno di parlare.

"Dato che tu hai suggerito questo approccio, vorremmo prima sentire il tuo parere".

"Racconterò volentieri una storia", continuò, "che illustra quanto un uomo possa avvicinarsi alla fortuna e quanto ciecamente possa lasciarsela sfuggire, con sua perdita e successivo rammarico.

Molti anni fa, quando ero giovane, appena sposato e con un buon reddito, mio padre venne da me un giorno e mi esortò a fare un investimento. Il figlio di uno dei suoi buoni amici si era fissato su un terreno libero non lontano dalle mura esterne della nostra città. Era situato in cima al canale, dove l'acqua non arrivava.

Il figlio di un amico di mio padre escogitò un piano per comprare questa terra, costruire tre grandi ruote idrauliche che potessero essere azionate dai buoi e sollevare così le acque vitali nel terreno fertile. Una volta fatto questo, ha pianificato di dividerlo in piccoli tratti e venderlo ai residenti della città per fare orti.

Il figlio dell'amico di mio padre non possedeva abbastanza oro per intraprendere una tale impresa. Come me, era un giovane che guadagnava una buona somma. Suo padre, come il mio, era un uomo di famiglia numerosa e di pochi mezzi. Decise quindi di interessare un gruppo di uomini per entrare nell'impresa con lui. Il gruppo doveva essere composto da dodici persone, ognuna delle quali doveva guadagnare denaro e accettare di pagare un decimo dei loro guadagni alla società fino a quando la terra fosse pronta per la vendita. Allora tutti parteciperebbero equamente ai profitti in proporzione al loro investimento.

"Tu, figlio mio", mi disse mio padre, "sei già nella tua giovinezza. È mio profondo desiderio che tu cominci a costruire un'eredità preziosa, in modo che tu possa essere rispettato tra gli uomini. Desidero che tu tragga beneficio dalla conoscenza degli errori sconsiderati di tuo padre."

"Questo è quello che voglio più di tutto, padre", risposi.

"Quindi, questo è il mio consiglio per te. Fai quello che avrei dovuto fare io alla tua età. Dei tuoi guadagni conserva una decima parte da mettere in investimenti favorevoli. Con questa decima parte dei tuoi guadagni e con ciò che è anche guadagnato, sarai in grado, prima di raggiungere la mia età, di accumulare per te un patrimonio prezioso."

"Le tue parole sono parole di saggezza, padre mio. Desidero molto le ricchezze. Tuttavia, ci sono molti usi a cui sono destinati i miei guadagni. Pertanto, esito a fare quello che mi consigli. Sono giovane. C'è un sacco di tempo."

"Questo è quello che pensavo quando avevo la tua età, ma ecco, sono passati molti anni e non ho ancora raggiunto i miei obiettivi".

"Viviamo in un'altra epoca, padre mio. Eviterò i tuoi errori."

"L'opportunità è davanti a te, figlio mio. Ti offre una strada che può portarti alla ricchezza. Ti prego di non ritardare. Vai domani dal figlio del mio amico e negozia con lui il pagamento del dieci per cento dei tuoi profitti su questo investimento. Vai domani mattina presto. L'opportunità non aspetta nessuno. Oggi è qui; presto non ci sarà più. Pertanto, non ritardare."

Nonostante il consiglio di mio padre, esitai. C'erano bellissimi abiti nuovi che erano stati appena portati dall'Oriente dai mercanti, abiti di una tale ricchezza e bellezza che la mia buona moglie ed io sentivamo di doverne possedere uno ciascun. Se avessi accettato di pagare un decimo dei miei guadagni sull'impresa, ci saremmo dovuti privare privarci di questi e di altri piaceri che desideravamo molto. Rimandai la decisione fino a quando non è stato troppo tardi, con mio grande rammarico. L'azienda si è rivelata più redditizia di quanto qualsiasi uomo avesse profetizzato. Questa è la mia storia, che mostra come ho permesso alla fortuna di sfuggirmi."

"In questa storia vediamo come la fortuna va dall'uomo che accetta l'opportunità", commentò un uomo bruno, del deserto. "Per costruire la ricchezza ci deve essere sempre un inizio. Quell'inizio può essere qualche pezzo d'oro o d'argento che un uomo dirotta dai suoi guadagni per il suo primo investimento. Io stesso possiedo molte mandrie. L'inizio delle mie mandrie lo feci quando ero un semplice ragazzo e comprai con un pezzo d'argento un giovane vitello. Questo, essendo l'inizio della mia ricchezza, era di grande importanza per me.

Fare il primo passo per costruire una fortuna è la migliore fortuna che un uomo possa avere. Per tutti gli uomini, questo primo passo, che li cambia da uomini che guadagnano con il proprio lavoro a uomini che guadagnano dividendi dai profitti del loro oro, è un passo importante. Alcuni, per fortuna, lo fanno quando sono giovani, e così superano in successo finanziario quelli che lo prendono più tardi, o quegli sfortunati, come il padre di questo mercante, che non lo fanno mai.

Se il nostro amico mercante avesse fatto questo passo nei suoi primi anni, quando gli si è presentata questa opportunità, oggi sarebbe benedetto con molti più beni di questo mondo. Se la fortuna del nostro amico, il tessitore, lo induce a fare questo passo in questo momento, non sarà che l'inizio di una fortuna molto più grande."

"Grazie! Anche a me piacerebbe parlare." Uno straniero si alzò. "Sono siriano. Non parlo molto bene la vostra lingua. Vorrei chiamare questo amico, il mercante, con un nome. Forse pensate che non sia educato, questo nome. Tuttavia, vorrei chiamarlo così. Ma, purtroppo, non conosco la parola corretta. Se lo chiamo in siriano, non capirete. Perciò, per favore, qualche buon signore, mi dica il nome corretto con cui chiamate l'uomo che rimanda quelle cose che potrebbero essere buone per lui".

"Procrastinatore", gridò una voce.

"È quello", gridò il siriano, agitando le mani con entusiasmo, "non prende l'occasione quando arriva. Lui aspetta. Dice che ha un sacco di affari al momento. Ciao, ciao, parliamo un'altra volta. L'Opportunità non vuole aspettare un uomo così lento. Lei pensa che se un uomo vuole essere fortunato farà un passo veloce. Qualsiasi uomo che non fa un passo veloce quando si presenta un'opportunità, è un grande procrastinatore come il nostro amico, questo mercante".

Il mercante si alzò e si inchinò volentieri in risposta alle risate. "La mia ammirazione va a te, straniero alle nostre porte, che non esita a dire la verità."

"E ora sentiamo un'altra storia di opportunità. Chi ha un'altra esperienza per noi?" chiese Arkad.

"Io", rispose un uomo di mezza età con una tunica rossa. "Sono un compratore di animali, soprattutto cammelli e cavalli. A volte compro anche pecore e capre. La storia che sto per raccontare è un vero resoconto di come l'opportunità si è presentata una notte quando meno me l'aspettavo. Forse per questo motivo me la sono lasciato sfuggire. Sarete voi a giudicarlo.

Tornando in città una notte dopo un viaggio avvilente di dieci giorni alla ricerca di cammelli, ero molto arrabbiato nel trovare le porte della città chiuse e bloccate. Mentre i miei schiavi stendevano la nostra tenda per la notte, che sembrava destinata a passare con poco cibo e niente acqua, sono stato avvicinato da un anziano contadino che, come noi, era chiuso fuori.

"Onorevole signore", si rivolse a me, "giudico dal tuo aspetto che sei un compratore. Se è così, mi piacerebbe molto venderti l'eccellente gregge di pecore che ho allevato. Purtroppo la mia buona moglie è molto malata con la febbre. Devo tornare in fretta. Compra le mie pecore affinché io e i miei schiavi possiamo cavalcare i nostri cammelli e tornare senza indugio".

Era così buio che non potevo vedere il suo branco, ma sapevo dal belato che doveva essere grande. Dopo aver sprecato dieci giorni alla ricerca di cammelli che non riuscivo a trovare, ero contento di contrattare con lui. Nella fretta, fissò un prezzo molto ragionevole. Ho accettato, sapendo bene che i miei schiavi avrebbero potuto condurre la mandria attraverso le porte della città al mattino e venderla con un considerevole profitto.

Concluso l'affare, chiamai i miei schiavi a portare delle torce per poter contare il gregge, che il contadino dichiarò essere novecento. Non vi appesantirò, amici miei, con la descrizione delle nostre difficoltà nel cercare di contare tante pecore assetate, inquiete e in fermento. Si è rivelato un compito impossibile. Ho quindi informato senza mezzi termini il contadino che le avrei contate all'alba e l'avrei pagato allora.

"Per favore, onorevole signore", ha supplicato, "pagami solo due terzi del prezzo stasera, così che io possa andare per la mia strada". Lascerò il mio schiavo più intelligente e istruito per aiutarmi a fare il conto la mattina. È affidabile e puoi pagargli il resto."

Ma sono stato testardo e mi sono rifiutato di effettuare il pagamento quella notte. La mattina dopo, prima che mi svegliassi, le porte della città si aprirono e quattro compratori uscirono di corsa in cerca di greggi. Erano molto ansiosi e disposti a pagare prezzi elevati perché la città era minacciata di assedio e il cibo scarseggiava. Il vecchio contadino ricevette quasi tre volte il prezzo al quale mi aveva offerto il gregge. Così il raro episodio di fortuna mi è sfuggito".

"Ecco una storia molto insolita", commentò Arkad. "Quale saggezza suggerisce?".

"La saggezza di effettuare un pagamento immediatamente quando siamo convinti che il nostro affare è onesto", suggerì un venerabile sellaio. "Se l'accordo è buono, allora hai bisogno di protezione contro le tue debolezze tanto quanto contro qualsiasi altro uomo. Noi mortali siamo mutevoli. Dovrei dire che abbiamo più probabilità di cambiare idea quando abbiamo ragione che quando abbiamo torto. Nel torto, siamo molto testardi. Nella ragione, siamo inclini a esitare e a lasciarci sfuggire l'opportunità. Il mio primo giudizio è il migliore. Tuttavia, ho sempre trovato difficile costringermi a seguire un buon affare quando mi capita. Perciò, come protezione contro le mie debolezze, faccio un deposito. Questo mi salva dai rimpianti successivi per una fortuna che avrebbe dovuto essere mia".

"Grazie! Mi piacerebbe parlare ancora." Il siriano si alzò ancora una volta. "Queste storie sono molto simili. Ogni volta l'opportunità vola via per lo stesso motivo. Ogni volta si tratta di procrastinare, quando c'è un buon piano.

Ogni volta che esitiamo, non diciamo: ora è il momento migliore, lo farò in fretta.

Come possono gli uomini avere successo in questo modo?".

"Sono sagge le tue parole, amico mio", rispose il compratore. "La fortuna è fuggita a causa della procrastinazione in questi due racconti. Tuttavia, questo non è insolito. Lo spirito di procrastinazione è in tutti gli uomini. Desideriamo le ricchezze; eppure quanto spesso, quando l'opportunità si presenta davanti a noi, quello spirito di procrastinazione dentro di noi ci spinge a ritardare la nostra accettazione.

Ascoltandolo diventiamo i nostri peggiori nemici. In gioventù non capivo questo saggio discorso che ha fatto il nostro amico della Siria. All'inizio pensavo che fosse il mio cattivo giudizio a farmi perdere molti commerci redditizi. Più tardi, l'ho attribuito al mio carattere testardo. Infine, l'ho riconosciuto per quello che era: un'abitudine a ritardare inutilmente laddove era necessaria un'azione, un'azione rapida e decisiva. Quanto ho odiato quando è stato rivelato il suo vero risultato. Con l'amarezza di un asino selvaggio attaccato a un carro, mi sono liberato di questo nemico del mio successo".

"Grazie! Mi piacerebbe chiedere al signor mercante". Il siriano parlò ancora. "tu indossi abiti raffinati, non come quelli di un povero. Parli come un uomo di successo. Dicci, ascolti ancora quando la procrastinazione ti sussurra all'orecchio?".

"Come il nostro amico compratore, anch'io ho dovuto riconoscere e superare la procrastinazione", rispose il commerciante. "Per me, si è rivelato un nemico, sempre a guardare e in attesa di ostacolare le mie conquiste.

La storia che ho raccontato non è che uno dei tanti casi simili che potrei raccontare per mostrare come mi ha allontanato dalle mie opportunità. Non è difficile da conquistare, una volta capito. Nessun uomo permette volentieri al ladro di rubare il suo grano. Né alcun uomo permette volentieri che un nemico allontani i suoi clienti e rubi i suoi profitti. Quando ho riconosciuto che tali atti erano commessi dal mio nemico, l'ho conquistato con determinazione. Così, ogni uomo deve padroneggiare il proprio spirito di procrastinazione prima di aspettarsi di prendere parte ai ricchi tesori di Babilonia.

Cosa ne dici, Arkad? Poiché sei l'uomo più ricco di Babilonia, molti ti proclamano il più fortunato. Sei d'accordo con me che nessun uomo può raggiungere la pienezza del successo finché non ha completamente schiacciato in sé lo spirito di procrastinazione?".

"È proprio come dici tu", ammise Arkad. "Durante la mia lunga vita ho visto generazione dopo generazione avanzare lungo i sentieri del commercio, della scienza e dell'apprendimento che portano al successo nella vita.

Le opportunità arrivarono a tutti questi uomini. Alcuni hanno afferrato il loro e sono andati costantemente avanti verso la gratificazione dei loro desideri più profondi, ma la maggior parte ha esitato, ha vacillato ed è rimasta indietro."

Arkad si rivolse al tessitore di stoffe: "Tu hai suggerito di discutere della fortuna. Sentiamo ora i tuoi pensieri sull'argomento."

"Vedo la fortuna sotto una luce diversa. La consideravo come qualcosa di molto desiderabile che poteva accadere a un uomo, ma senza alcuno sforzo da parte sua. Ora mi rendo conto che tali eventi non sono il genere di cose che si possono attrarre a sé. Dalla nostra discussione ho imparato che per attirare la fortuna su di sé, è necessario cogliere le opportunità. Pertanto, in futuro, mi sforzerò di sfruttare al massimo le opportunità che mi si presenteranno".

"Hai afferrato bene le verità esposte nella nostra discussione", rispose Arkad. "La fortuna, come si vede, segue spesso l'opportunità, ma raramente arriva diversamente. Il nostro amico mercante avrebbe trovato grande fortuna se avesse accettato l'opportunità che la buona dea gli presentava. Il nostro amico compratore, allo stesso modo, avrebbe goduto di buona fortuna se avesse completato l'acquisto del gregge e venduto con un così grande profitto.

Abbiamo portato avanti questa discussione per trovare un modo per portarci fortuna. Credo che abbiamo trovato il modo. Entrambe le storie illustrano come la fortuna segue l'opportunità. Qui sta una verità che molte storie simili di fortuna, vinte o perse, non potrebbero cambiare. La verità è questa: la fortuna può essere attratta accettando l'opportunità.

Coloro che sono desiderosi di cogliere le opportunità per il loro miglioramento, attirano l'interesse della buona dea. È sempre desiderosa di aiutare coloro che la compiacciono. Gli uomini d'azione sono quelli che le piacciono di più.

L'azione vi condurrà ai successi che desiderate."

GLI UOMINI D›AZIONE SONO FAVORITI DALLA DEA DELLA FORTUNA

Le leggi dell'oro

"Una borsa carica d'oro o una tavoletta d'argilla scolpita con parole di saggezza; se tu potessi scegliere, quale sceglieresti?".

Nella luce tremolante del fuoco del deserto, i volti abbronzati degli ascoltatori brillavano di interesse.

"L'oro, l'oro", cantarono i ventisette. Il vecchio Kalabab sorrise consapevolmente.

"Ascoltate", continuò, alzando la mano. "Ascoltate i cani selvatici nella notte. Urlano e gemono perché sono magri di fame. Eppure li nutriamo, e cosa fanno? Combattono e si pavoneggiano. Poi combattono e si pavoneggiano ancora un po', senza pensare al domani che verrà di sicuro.

È lo stesso per i figli degli uomini. Potendo scegliere tra oro e saggezza, cosa fanno?

Ignorano la saggezza e sprecano l'oro. Il giorno dopo sono in lutto perché non hanno più oro.

L'oro è riservato a coloro che conoscono le sue leggi e le mantengono."

Kalabab avvolse la sua tunica bianca intorno alle sue gambe sottili mentre soffiava un fresco vento notturno.

"Poiché mi avete servito fedelmente durante il nostro lungo viaggio, poiché vi siete presi cura dei miei cammelli, poiché avete faticato senza riserve nelle sabbie ardenti del deserto, poiché avete combattuto coraggiosamente contro i ladri che volevano derubarmi dei miei beni, vi racconterò stasera la storia delle cinque leggi dell'oro, una storia che non avete mai sentito prima.

Ascoltate con profonda attenzione le parole che dico, perché se ne afferrate il significato e le ascoltate, nei giorni a venire avrete molto oro".

Si fermò in una pausa mozzafiato. In alto, in un baldacchino di blu, le stelle scintillavano nei cieli cristallini di Babilonia. Dietro il gruppo si profilavano le loro tende sbiadite pesantemente ancorate contro possibili tempeste nel deserto. Accanto alle tende c'erano fasci di merci ordinatamente impilati e coperti di pelli. La mandria di cammelli si stendeva sulla sabbia, alcuni masticavano contenti, altri russavano in una rauca discordia.

"Ci hai raccontato molte belle storie, Kalabab", disse il capo imballatore. "Speriamo che la tua saggezza ci guidi domani, quando il nostro servizio presso di te giungerà al termine.

"Vi ho solo raccontato le mie avventure in terre strane e lontane, ma stasera vi racconterò della saggezza di Arkad, il ricco saggio."

"Abbiamo sentito parlare molto di lui", riconobbe il capo imballatore, "perché era l'uomo più ricco che sia mai vissuto a Babilonia".

"Era l'uomo più ricco, e questo perché era saggio nelle vie dell'oro, come nessun uomo era mai stato prima. Stasera vi racconterò la sua grande saggezza, come mi fu raccontata da Nomasir, suo figlio, molti anni fa a Ninive, quando ero solo un ragazzo.

Il mio padrone ed io eravamo rimasti fino a tarda notte nel palazzo di Nomasir. Avevo aiutato il mio padrone a portare grandi pacchi di tappeti pregiati, ognuno dei quali doveva essere provato da Nomasir finché non fosse soddisfatto della sua scelta di colori. Alla fine fu soddisfatto e ci ordinò di sederci con lui e di bere un'annata rara, profumata alle narici e molto calda al mio stomaco, che non era abituato a una tale bevanda.

Poi ci raccontò questa storia della grande saggezza di Arkad, suo padre, come io ve la racconterò.

In Babilonia è consuetudine, come sapete, che i figli di padri ricchi vivano con i loro padri in attesa di ereditare il patrimonio. Arkad non approvava questa usanza. Così, quando Nomasir arrivò alla tenuta dell'uomo, mandò a chiamare il giovane e si rivolse a lui: "Figlio mio, è mio desiderio che tu succeda al mio patrimonio. Tuttavia, devi prima dimostrarti capace di gestirlo con saggezza. Pertanto, desidero che tu vada nel mondo e dimostri la tua capacità sia di acquisire oro che di farti rispettare tra gli uomini. Per farti partire bene, ti darò due cose che io stesso ho rifiutato quando ho iniziato da povero giovane a costruire una fortuna.

Per prima cosa, ti do questa borsa piena d'oro. Se la usi saggiamente, sarà la base del tuo futuro successo. In secondo luogo, ti do questa tavoletta d'argilla sulla quale sono scolpite le cinque leggi dell'oro. Se le usi per le tue azioni, ti daranno competenza e sicurezza.

A dieci anni da questo giorno, torna alla casa di tuo padre e rendi conto di te stesso. Se ti dimostri degno, ti farò erede delle mie proprietà. In caso contrario, lo darò ai sacerdoti per scambiare con la mia anima il corrispettivo della terra degli dei".

Così Nomasir uscì per fare la sua strada, portando la sua borsa d'oro, la tavoletta d'argilla accuratamente avvolta in un panno di seta, il suo schiavo e i cavalli su cui cavalcavano.

Passarono dieci anni e Nomasir, come aveva promesso, tornò alla casa di suo padre, che diede un grande banchetto in suo onore, al quale invitò molti amici e parenti. Quando il banchetto fu finito, il padre e la madre si sedettero sui loro troni a un lato della grande sala, e Nomasir si mise davanti a loro per dare conto di sé come aveva promesso al padre.

Era notte. La stanza era piena di fumo dagli stoppini delle lampade a olio che la illuminavano debolmente. Schiavi in giacche e vesti bianche ritmano l'aria umida con foglie di palma a stelo lungo. Una dignità maestosa colorava la scena. La moglie di Nomasir e i due figli piccoli, insieme ad amici e altri membri della famiglia, sedevano sui tappeti dietro di lui, ascoltando attentamente.

"Padre mio", cominciò con deferenza, "mi inchino alla tua saggezza. Dieci anni fa, quando ero alle porte della virilità, mi hai chiesto di uscire e diventare un uomo tra gli uomini, invece di rimanere un vassallo della tua fortuna.

Mi hai dato generosamente del tuo oro. Mi hai dato generosamente la tua saggezza. Riguardo l'oro, ahimè! Devo ammettere che la gestione è stata disastrosa. Infatti, è fuggito dalle mie mani inesperte come una lepre selvatica fugge alla prima occasione dal giovane che la cattura."

Il padre sorrise con indulgenza. "Continua, figlio mio, la tua storia mi interessa in tutti i suoi dettagli."

"Ho deciso di andare a Ninive, visto che era una città in crescita, credendo di poter trovare lì delle opportunità. Mi sono unito a una carovana e tra i suoi membri ho fatto molte amicizie. Tra di loro c'erano due uomini di bella presenza che avevano un bel cavallo bianco veloce come il vento.

Mentre viaggiavamo, mi fu detto in confidenza che a Ninive c'era un uomo ricco che possedeva un cavallo così veloce che non era mai stato battuto. Il suo proprietario credeva che nessun cavallo vivente potesse correre più veloce. Pertanto, avrebbe scommesso qualsiasi somma, per quanto grande, che il suo cavallo era più veloce di qualsiasi altro cavallo in tutta Babilonia. Rispetto al loro cavallo però, quello che avevano i miei amici, non era altro che un mulo goffo che poteva essere facilmente battuto.

Mi hanno offerto, come grande favore, di permettermi di unirmi a loro in una scommessa. Ho seguito il piano.

Il nostro cavallo è stato battuto e ho perso molto del mio oro".

Il padre rise.

"Più tardi, ho scoperto che era un piano ingannevole di questi uomini e che viaggiavano costantemente con carovane in cerca di vittime. L'uomo di Ninive era loro complice e condivideva con loro le scommesse vinte.

Questo astuto inganno mi ha insegnato la mia prima lezione.

Presto ne imparai un'altra, altrettanto amara. Nella carovana c'era un altro giovane con il quale sono diventato abbastanza amico. Era figlio di genitori benestanti e, come me, era in viaggio verso Ninive per trovare un posto adatto. Poco dopo il nostro arrivo, mi disse che un mercante era morto e che il suo negozio, con la sua ricca merce e la sua clientela, poteva essere ottenuto a un prezzo misero. Dicendo che saremmo stati soci alla pari, ma che dovevo prima tornare a Babilonia per assicurarmi il suo oro, mi convinse a comprare le azioni con il mio oro, concordando che il suo sarebbe stato usato in seguito per realizzare la nostra impresa.

Ritardò a lungo il viaggio verso Babilonia, dimostrando nel frattempo di essere un incauto compratore e uno stolto spendaccione. Alla fine l'ho buttato fuori, ma non prima che gli affari si fossero deteriorati al punto che avevamo solo merce invendibile e nessun oro per comprare altre merci. Ho sacrificato ciò che restava a un israelita per una somma pietosa.

Presto, ti dico, padre mio, seguirono giorni amari. Ho cercato lavoro e non ne ho trovato nessuno, perché non avevo un mestiere o una formazione che mi permettesse di guadagnare. Ho venduto i miei cavalli. Ho venduto il mio schiavo. Ho venduto i miei vestiti in più per avere cibo e un posto per dormire, ma ogni giorno la cupa necessità era sempre più in agguato. Ma in quei giorni amari, mi sono ricordato della tua fiducia in me, padre mio. Mi avevi mandato a diventare un uomo, e questo ero determinato a realizzarlo".

La madre si coprì il viso e pianse dolcemente.

"In quel momento, mi sono ricordato della tavola che mi avevi dato e sulla quale avevi inciso le cinque leggi d'oro. Poi ho letto attentamente le tue parole di saggezza e ho capito che se avessi cercato prima la saggezza, il mio oro non sarebbe andato perso.

Imparai ogni legge a memoria e decisi che, quando ancora una volta la dea della fortuna mi avrebbe sorriso, mi sarei fatto guidare dalla saggezza dell'età e non dall'inesperienza della gioventù.

A beneficio di voi che siete seduti qui stasera, leggerò la saggezza di mio padre come è incisa sulla tavoletta d'argilla che mi ha dato dieci anni fa.

Le cinque leggi dell'oro

1. L'oro arriva volentieri e in quantità crescente a ogni uomo che mette non meno di un decimo dei suoi guadagni nella costruzione della ricchezza per il futuro suo e della sua famiglia.

2. L'oro lavora con diligenza e soddisfazione per il saggio proprietario che ne trova un uso redditizio, moltiplicandosi come i greggi del campo.

3. L'oro si aggrappa alla protezione del proprietario prudente che lo investe sotto il consiglio di uomini competenti nella sua gestione.

4. L'oro sfugge all'uomo che lo investe per affari o scopi che non gli sono familiari o che non sono approvati dagli esperti che lo custodiscono.

5. L'oro fugge dall'uomo che vuole costringerlo a guadagni impossibili o che segue i consigli seducenti di imbroglioni e intrallazzatori o che lo affida alla propria inesperienza e ai desideri romantici di investimento.

"Queste sono le cinque leggi dell›oro scritte da mio padre. Le proclamo di un valore maggiore dell›oro stesso, come dimostrerò con il seguito della mia storia."

Tornò a confrontarsi con suo padre. "Vi ho raccontato la profondità della povertà e della disperazione a cui mi ha portato la mia inesperienza. Tuttavia, non c›è catena di disastri che non abbia una fine. Il mio è arrivato quando ho ottenuto un lavoro a capo di una squadra di schiavi che lavoravano al nuovo muro esterno della città.

Approfittando della mia conoscenza della prima legge sull›oro, ho messo da parte un pezzo di rame dei miei primi guadagni, aggiungendovi ad ogni occasione finché non ho avuto un pezzo d›argento. Era una procedura lenta, perché si deve pur vivere.

Ho speso a malincuore, lo ammetto, perché ero determinato a recuperare prima del decimo anno tutto l›oro che tu, mio padre, mi avevi dato.

Un giorno il padrone degli schiavi, con il quale ero diventato abbastanza amico, mi disse: "Sei un giovane parsimonioso che non spende liberamente ciò che guadagna. Hai dell›oro da parte che non è stato guadagnato?"

Sì", risposi, "è il mio più grande desiderio di accumulare oro per sostituire quello che mi ha dato mio padre e che ho perso".

"È un›ambizione degna, te lo concedo, e sai che l›oro che hai risparmiato può lavorare al posto tuo e farti guadagnare molto più oro?".

"Ahimè, la mia esperienza è stata amara, perché l›oro di mio padre è fuggito da me, e ho molta paura che il mio faccia lo stesso".

"Se hai fiducia in me, ti darò una lezione sul trattamento reddizio dell›oro", rispose. "Entro un anno il muro esterno sarà completato e pronto per le grandi porte di bronzo da costruire ad ogni ingresso per proteggere la città dai nemici del re.

In tutta Ninive non c›è abbastanza metallo per fare queste porte e il re non ha pensato a fornirlo. Questo è il mio piano: un gruppo di noi raccoglierà il nostro oro e manderà una carovana alle miniere di rame e di stagno, che sono lontane, e porterà il metallo per le porte di Ninive. Quando il re dice: "Fate le porte", solo noi saremo in grado di fornir il metallo e lui pagherà un buon prezzo. Se il re non compra, avremo ancora il metallo che può essere venduto a un prezzo giusto".

Nella sua offerta ho riconosciuto l›opportunità di soddisfare la terza legge e di investire i miei risparmi sotto la guida di uomini saggi. Non sono rimasto deluso. Il nostro fondo comune è stato un successo, e la mia piccola riserva d›oro è stata notevolmente aumentata dalla transazione.

A tempo debito, sono stato accettato come membro di questo stesso gruppo in altre aziende. Erano uomini saggi nel maneggiare l›oro in modo redditizio. Hanno discusso ogni piano presentato con grande attenzione, prima di entrare in esso. Non rischiavano di perdere il loro capitale o di legarlo in investimenti non redditizi dai quali l›oro non poteva essere recuperato. Cose così sciocche come la corsa dei cavalli e la società in cui ero entrato con la mia inesperienza avrebbero avuto poco riguardo per loro. Avrebbero subito indicato le loro debolezze.

Attraverso la mia associazione con questi uomini, ho imparato come investire l›oro in modo sicuro per il profitto. Con il passare degli anni, il mio tesoro cresceva sempre più velocemente. Non solo ho recuperato quello che avevo perso, ma molto di più.

Attraverso le mie disgrazie, le mie prove e i miei successi, ho messo alla prova più e più volte la saggezza delle cinque leggi dell›oro, padre mio, e ho dimostrato la loro veridicità in ogni prova. Per colui che non conosce le cinque leggi, l›oro non arriva spesso e se ne va rapidamente. Ma a colui che rispetta le cinque leggi, l›oro viene e lavora come suo schiavo obbediente."

Nomasir smise di parlare e fece un gesto verso uno schiavo in fondo alla stanza. Lo schiavo portò, uno alla volta, tre pesanti borse di cuoio. Nomasir ne raccolse una e la posò sul pavimento prima che suo padre si rivolgesse di nuovo a lui:

"Mi hai dato una borsa d›oro, oro babilonese. Ecco, al suo posto, vi restituisco una borsa d›oro di Ninive di peso uguale. Uno scambio uguale, come tutti saranno d›accordo.

Mi hai dato una tavoletta d›argilla con un›iscrizione di saggezza. Ecco, al suo posto ti restituisco due borse d›oro." Detto questo, prese le altre due borse dallo schiavo e, allo stesso modo, le pose a terra davanti a suo padre.

"Questo lo faccio per dimostrarti, padre mio, che considero la tua saggezza di gran lunga più preziosa del tuo oro. Ma chi può misurare in sacchi d›oro il valore della saggezza? Senza saggezza, l›oro viene rapidamente perso da coloro che lo hanno, ma con la saggezza, l›oro può essere assicurato da coloro che non lo hanno, come dimostrano queste tre borse d›oro.

In effetti, mi dà la più profonda soddisfazione, padre mio, stare davanti a te e dire che, grazie alla tua saggezza, ho potuto rendermi ricco e rispettato davanti agli uomini."

Il padre posò amorevolmente la mano sulla testa di Nomasir. "Hai imparato bene le tue lezioni e sono davvero fortunato ad avere un figlio a cui affidare le mie ricchezze."

Kalabab interruppe il suo racconto e guardò criticamente i suoi ascoltatori. "Cosa significa per voi questa storia di Nomasir?" continuò. "Chi di voi può andare da suo padre o dal padre di sua moglie e rendere conto della saggia gestione dei suoi guadagni?

Cosa penserebbero questi venerabili uomini se voi diceste: "Ho viaggiato molto, imparato molto, lavorato molto e guadagnato molto, ma, ahimè, di oro ho poco. Alcuni di essi li ho spesi saggiamente, altri li ho spesi stupidamente, e molti li ho persi incautamente"

Pensate ancora che sia solo un›incongruenza del destino che alcuni uomini abbiano molto oro e altri non ne abbiano? Allora vi sbagliate.

Gli uomini hanno molto oro quando conoscono le cinque leggi dell›oro e le rispettano. Poiché ho imparato queste cinque leggi in gioventù e le ho rispettate, sono diventato un ricco mercante. Non è per una strana magia che ho accumulato la mia ricchezza. La ricchezza che arriva in fretta se ne va allo stesso modo.

La ricchezza che rimane per dare godimento e soddisfazione al suo proprietario arriva gradualmente, perché è un nata dalla conoscenza e dalla persistenza.

Guadagnare ricchezza non è che un fardello leggero per l›uomo riflessivo. Sopportando il peso costantemente di anno in anno si raggiunge lo scopo ultimo. Le cinque leggi dell›oro vi offrono una ricca ricompensa per la loro osservanza. Ognuna di queste cinque leggi è ricca di significato e, per non farvela sfuggire nella brevità del mio racconto, ve le ripeterò ora. Le conosco a memoria perché nella mia gioventù ho potuto vedere il loro valore, e non mi accontenterei di non conoscerle parola per parola."

La prima legge dell'oro

"L'oro arriva volentieri e in quantità crescente a ogni uomo che mette non meno di un decimo dei suoi guadagni nella costruzione della ricchezza per il futuro suo e della sua famiglia.

Ogni uomo che risparmia un decimo dei suoi guadagni con costanza e lo investe saggiamente, creerà sicuramente un patrimonio prezioso che gli fornirà un reddito in futuro e assicurerà anche la sicurezza della sua famiglia nel caso in cui gli dei lo chiamino all'oltretomba.

Questa legge dice sempre che l'oro arriva volentieri a un tale uomo. Posso certificarlo nella mia vita. Più oro accumuli, più facilmente ti arriva e in quantità maggiore. L'oro che risparmio guadagna di più, come il tuo, e il suo guadagno è maggiore, e questa è l'applicazione della prima legge."

La seconda legge dell'oro

"L'oro lavora con diligenza e soddisfazione per il saggio proprietario che ne trova un uso redditizio, moltiplicandosi come i greggi del campo.

L'oro, in effetti, è un lavoratore volenteroso. È sempre pronto a moltiplicarsi quando si presenta l'opportunità. Per ogni uomo che ha una riserva d'oro, arriva l'opportunità di usarla nel modo più redditizio. Con il passare degli anni, si moltiplica in modo sorprendente."

La terza legge dell'oro

"L'oro si aggrappa alla protezione del proprietario prudente che lo investe sotto il consiglio di uomini saggi che sanno come usarlo.

L'oro, infatti, si attacca al proprietario prudente, così come fugge dal proprietario negligente. L'uomo che cerca il consiglio di uomini saggi nel maneggiare l'oro impara presto a non mettere in pericolo il suo tesoro, ma a conservare con sicurezza e a godere con soddisfazione del suo costante aumento.

La quarta legge dell'oro

"L'oro sfugge all'uomo che lo investe per affari o scopi che non gli sono familiari o che non sono approvati dagli esperti che lo custodiscono.

Per l'uomo che ha l'oro, ma non è esperto nella sua manipolazione, ci sono molti usi che sembrano molto redditizi. Sono, tuttavia, troppo spesso irti di pericoli di perdita e, se analizzati correttamente da uomini saggi, mostrano poche possibilità di profitto. Pertanto, il proprietario inesperto di oro che si affida al proprio giudizio e lo investe in affari o scopi con cui non ha familiarità, troppo spesso trova il suo giudizio imperfetto, e paga con il suo tesoro la sua inesperienza. Saggio, infatti, è colui che investe il suo tesoro sotto il consiglio di uomini esperti nelle vie dell'oro."

La quinta legge dell'oro

"L'oro fugge dall'uomo che vuole costringerlo a guadagni impossibili o che segue i consigli seducenti di imbroglioni e intrallazzatori o che lo affida alla propria inesperienza e ai desideri romantici di investimento.

Il nuovo proprietario dell'oro viene sempre presentato con proposte fantasiose che emozionano come storie di avventura. Questi sembrano dotare il suo tesoro di poteri magici che gli permetteranno di realizzare profitti impossibili. Tuttavia, fate attenzione ai saggi, perché essi conoscono veramente i rischi che si nascondono dietro ogni schema per fare improvvisa e grande ricchezza.

Non dimenticate gli uomini ricchi di Ninive, che non rischiano di perdere il loro capitale o di legarlo in investimenti non redditizi.

Qui finisce la mia storia delle cinque leggi dell'oro. Nel raccontarlo, vi ho detto i segreti del mio successo.

Tuttavia, questi non sono segreti, ma verità che devono essere prima imparate e poi seguite da ogni uomo che vuole uscire dalla folla che, come voi cani selvaggi, deve preoccuparsi ogni giorno del cibo. Domani entreremo a Babilonia, guarda! Guarda il fuoco che brucia eternamente sul Tempio di Bel! Siamo già in vista della città dorata. Domani, ognuno di voi avrà l'oro, l'oro che avete guadagnato così bene per i vostri fedeli servizi.

Dieci anni dopo questa notte, cosa si può dire di questo oro? Se tra di voi ci sono uomini che, come Nomasir, usano una parte del loro oro per iniziare una proprietà per se stessi e sono da allora saggiamente guidati dalla saggezza di Arkad, tra dieci anni, è una scommessa sicura, come il figlio di Arkad, saranno ricchi e rispettati tra gli uomini.

I nostri atti saggi ci seguono nella vita per compiacerci e aiutarci. Altrettanto sicuramente, i nostri atti irragionevoli ci seguono per tormentarci. Sfortunatamente, non possono essere dimenticati. In testa ai tormenti che ci seguono ci sono i ricordi delle cose che avremmo dovuto fare, delle opportunità che ci sono capitate e che non abbiamo sfruttato.

Ricchi sono i tesori di Babilonia, così ricchi che nessuno può contare il loro valore in pezzi d'oro. Ogni anno diventano più ricchi e più preziosi. Come i tesori di ogni terra, sono una grazia, una ricca ricompensa che attende gli uomini di proposito che sono determinati ad assicurarsi la loro giusta parte.

Nella forza dei propri desideri c'è un potere magico. Guidate questo potere con la vostra conoscenza delle cinque leggi dell'oro e condividerete i tesori di Babilonia."

Il prestatore d'oro babilonese

Cinquanta pezzi d›oro! Mai prima d›ora Rodan, il costruttore di lance della vecchia Babilonia, aveva portato così tanto oro nella sua borsa di cuoio. Cavalcava felicemente lungo la strada del re dal palazzo della sua liberissima maestà. L›oro tintinnava allegramente mentre la borsa nella sua cintura ondeggiava ad ogni passo, la musica più dolce che

avesse mai sentito.

Cinquanta pezzi d›oro, tutti suoi! Non riusciva quasi a rendersi conto della sua fortuna. Che potere c'era in quei dischi tintinnanti! Poteva comprare tutto quello che voleva, una grande casa, terra, bestiame, cammelli, cavalli, carri, tutto quello che poteva desiderare.

Che uso ne doveva fare? Questo pomeriggio, mentre girava per una strada secondaria verso la casa di sua sorella, non riusciva a pensare a nulla che avrebbe preferito possedere se non quegli stessi pesanti e lucenti pezzi d›oro da conservare.

Una notte, qualche giorno dopo, un Rodan perplesso entrò nel negozio di Mathon, il prestatore d›oro e commerciante di gioielli e tessuti rari.

Senza guardare né a destra né a sinistra gli oggetti colorati esposti, passò nel salotto sul retro. Lì trovò il mite Mathon sdraiato su un tappeto che si godeva un pasto servito da uno schiavo.

"Vorrei consigliarti, perché non so cosa fare". Rodan stava in piedi, con i piedi divaricati, il petto peloso esposto attraverso il davanti aperto della sua giacca di pelle. Il viso stretto e malinconico di Mathon sorrideva un saluto amichevole. "Quali indiscrezioni hai commesso nel cercare il banco dei pegni d›oro? Hai avuto sfortuna al tavolo da gioco? O sei rimasto invischiato con qualche signora grassa? Ti conosco da molti anni, ma non mi hai mai cercato per aiutarti nei tuoi problemi."

"No, no. Non è così. Non cerco l›oro. Invece, desidero i tuoi saggi consigli".

"Ehi, ascolta quello che dice quest›uomo. Nessuno viene a chiedere consiglio al prestatore d›oro. Le mie orecchie mi fanno brutti scherzi".

"Le tue orecchie sentono bene."

"Può essere? Rodan, il lanciere, mostra più astuzia di tutti gli altri, perché viene da Mathon non per l›oro, ma per un consiglio. Molti uomini vengono da me per l›oro per pagare le loro follie, ma per quanto riguarda il consiglio, non lo vogliono. Ma chi è in grado di dare consigli meglio dell›usuraio d›oro a cui si rivolgono molti uomini in difficoltà?

"Tu mangerai con me, Rodan", ha continuato. Sarai mio ospite per questa sera. Andol", ordinò allo schiavo, "prepara un panno per il mio amico Rodan, il lanciere, che viene a chiedere consiglio. Sarà il mio ospite d›onore. Portagli molto cibo e portagli la mia tazza più grande. Scegli il miglior vino in modo da avere soddisfazione nel berlo. Ora, dimmi cosa ti preoccupa."

"È il dono del re."

"Il regalo del re? Il re ti ha fatto un regalo e ti dà problemi? Che tipo di regalo?"

"Poiché era molto soddisfatto del disegno che gli avevo presentato per una nuova punta sulle lance della guardia reale, mi ha dato cinquanta pezzi d›oro, e ora sono molto perplesso. Ogni ora in cui il sole viaggia nel cielo, coloro che vogliono condividerla con me mi supplicano."

"Questo è naturale. Sono più gli uomini che desiderano l›oro che quelli che ce l›hanno, e vorrebbero che uno che lo ottiene facilmente si dividesse. Ma non puoi diredi no? La tua volontà non è forte come il tuo pugno?"

"A molti posso dire di no, ma a volte sarebbe più facile dire di sì. Si può rifiutare di condividere con la propria sorella a cui si è profondamente devoti?"

"Sicuramente tua sorella non vorrà privarti della tua ricompensa?"

"Ma è per il bene di Araman, suo marito, che lei vuole vedere come un ricco mercante. Sente che non ha mai avuto una possibilità e mi prega di prestargli quest'oro affinché possa diventare un prospero mercante e restituirmelo con i suoi profitti."

"Amico mio", continuò Mathon, "è un argomento degno di nota quello che sollevi. L'oro porta al suo possessore responsabilità e un cambiamento di posizione rispetto ai suoi simili. Porta la paura di perderlo o di farlo prendere con l'inganno. Porta un senso di potere e di capacità di fare del bene. Porta anche delle opportunità per cui le vostre ottime intenzioni possono portarvi delle difficoltà.

Hai sentito parlare del contadino di Ninive che poteva capire il linguaggio degli animali? Non lo so, perché non è il tipo di storia che gli uomini amano raccontare nella fucina del fonditore di bronzo. Ve lo dirò, perché dovete sapere che c'è di più nel prestare e nel prendere in prestito che il passaggio dell'oro dalle mani di uno a quelle di un altro.

Questo contadino, che capiva cosa si dicevano gli animali, rimaneva ogni sera nell'aia per ascoltare le loro parole. Una sera sentì il bue lamentarsi con l'asino della durezza della sua sorte: "Lavoro tirando l'aratro dalla mattina alla sera. Non importa quanto sia calda la giornata, non importa quanto siano stanche le mie gambe, non importa quanto l'arco mi sfreghi il collo, devo comunque lavorare. Ma tu sei una creatura che ha tempo libero. Sei bloccato con una coperta colorata e non fai altro che portare il nostro padrone ovunque voglia andare. Quando lui non va da nessuna parte, tu ti riposi e mangi erba verde tutto il giorno."

Ora l'asino, nonostante i suoi talloni feroci, era un bravo ragazzo e simpatizzava con il bue.

"Mio buon amico", rispose, "tu lavori molto duramente e vorrei aiutarti ad alleviare la tua sorte. Perciò ti dirò come puoi avere un giorno di riposo. Al mattino, quando lo schiavo viene a portarti all'aratro, sdraiati a terra e grida forte che sei malato e non puoi lavorare."

Così il bue seguì il consiglio dell'asino, e la mattina dopo lo schiavo tornò dal contadino e gli disse che il bue era malato e non poteva tirare l'aratro.

"Allora", disse il contadino, "aggancia l'asino all'aratro, perché dobbiamo continuare ad arare".

Tutto quel giorno l'asino, che aveva solo intenzione di aiutare il suo amico, fu costretto a fare il lavoro del bue. Quando venne la sera e fu liberato dall'aratro, il suo cuore era amareggiato e le sue gambe stanche e il suo collo dolorante dove il carro si era agganciato.

Il contadino rimase nell'aia ad ascoltare.

Il bue iniziò per primo. "Sei un buon amico. Grazie ai tuoi saggi consigli ho goduto di un giorno di riposo."

"E io", rispose l'asino, "sono come molti uomini dal cuore semplice che iniziano ad aiutare un amico e finiscono per fare il suo lavoro per lui. D'ora in poi, ti occuperai da solo del tuo aratro, perché ho sentito il padrone dire allo schiavo di mandare a chiamare il macellaio se ti ammali di nuovo. Vorrei che lo facesse, perché sei un tipo pigro."

Da allora non si parlarono più, il che mise fine alla loro amicizia. Capisci la morale di questa storia, Rodan?".

"È una bella storia", rispose Rodan, "ma non vedo la morale".

"Non pensavo che l'avresti capita. Ma è lì ed è semplice. Solo questo: se vuoi aiutare il tuo amico, fallo in modo da non portare i pesi del tuo amico su di te."

"Non ci avevo pensato. È una morale saggia. Non voglio assumermi gli oneri del marito di mia sorella. Ma dimmi. Tu presti a molti, i mutuatari non restituiscono?"

Mathon sorrise con il sorriso di chi ha un'anima ricca di esperienza: "Può un prestito essere fatto se il mutuatario non può ripagarlo? Il mutuante non dovrebbe essere saggio e giudicare attentamente se il suo oro può servire uno scopo utile per il mutuatario e tornare a lui; o se sarà sprecato da uno incapace di usarlo saggiamente e lasciarlo senza il suo tesoro, e lasciare il mutuatario con un debito che non può rimborsare? Ti mostrerò i gettoni nel mio scrigno e ti racconterò alcune delle loro storie".

Entrò nella stanza con uno scrigno lungo quanto il suo braccio, coperto di pelle di maiale rossa e adornato con motivi in bronzo. Lo pose sul pavimento e si accovacciò davanti ad esso, con entrambe le mani sul coperchio.

"Da ogni persona a cui presto, esigo un gettone per il mio scrigno, che rimarrà lì fino a quando il prestito sarà rimborsato. Quando lo restituiscono, glielo restituisco, ma se non lo restituiscono mai, mi ricorderà sempre di qualcuno che non è stato fedele alla mia fiducia.

I prestiti più sicuri, mi dice la mia gettoniera, sono per coloro i cui beni valgono più di quanto vogliono. Possiedono terre, o gioielli, o cammelli, o altre cose che potrebbero essere vendute per ripagare il prestito. Alcuni dei gettoni che mi sono stati dati sono gioielli di valore superiore al prestito. Altri sono promesse che se il prestito non viene restituito come concordato, mi verrà data una certa liquidazione dei beni. In questo tipo di prestito, ho la certezza che l>oro mi sarà restituito con l>affitto corrispondente, poiché il prestito si basa sulla proprietà.

In un>altra classe ci sono quelli che hanno la capacità di guadagnare. Sono quelli che, come voi, lavorano o servono e sono pagati. Hanno un reddito e se sono onesti e non subiscono disgrazie, so che possono anche ripagare l>oro che presto loro e il reddito a cui ho diritto. Questi prestiti sono basati sullo sforzo umano.

Altri sono quelli che non hanno né proprietà né capacità di guadagno assicurato. La vita è dura e ci saranno sempre alcuni che non possono adattarsi ad essa. Purtroppo, i prestiti che faccio loro, anche se non sono più grandi di un centesimo, la mia gettoniera potrebbe censurarmi negli anni a venire, a meno che non siano garantiti da buoni amici del mutuatario che lo conoscono onorevolmente."

Mathon liberò il fermaglio e aprì il coperchio. Rodan si sporse in avanti con impazienza. In cima al cofanetto c>era una collana di bronzo su un panno scarlatto. Mathon prese il pezzo e lo accarezzò amorevolmente. Questo resterà per sempre nel mio scrigno dei gettoni perché il suo proprietario è passato all'oscurità. Faccio tesoro del suo gettone e del suo ricordo, perché era un mio buon amico. Abbiamo commerciato insieme con molto successo finché dall>est ha portato una donna da sposare, bella, ma non come le nostre donne. Una creatura abbagliante. Ha speso il suo oro sontuosamente per soddisfare i suoi desideri.

È venuto da me in difficoltà quando il suo oro è scomparso. L>ho consigliato. Gli ho detto che l›avrei aiutato a padroneggiare di nuovo i suoi affari. Giurò sul segno del Grande Toro che l›avrebbe fatto. Ma non l›ha fatto. In un combattimento gli ha piantato un coltello nel cuore dopo che l'ha sfidata a trafiggerlo".

"E lei?" chiese Rodan.

"Sì, certo, questo era suo". Prese il panno scarlatto. "Con amaro rimorso si gettò nell›Eufrate. Questi due prestiti non saranno mai rimborsati. Lo scrigno ti dice, Rodan, che gli umani in mezzo a grandi emozioni non sono rischi sicuri per il prestatore d›oro.

"Qui! Questo è diverso. Ha preso un anello scolpito in osso di bue. Questo appartiene a un contadino. Compro i tappeti delle sue donne. Arrivarono le locuste e non avevano cibo. L›ho aiutato e quando è arrivato il nuovo raccolto mi ha pagato. Più tardi venne di nuovo e mi parlò di alcune strane capre in una terra lontana, descritte da un viaggiatore. Avevano capelli lunghi, così fini e morbidi, che potevano tessere tappeti più belli di quelli visti a Babilonia. Voleva un gregge ma non aveva soldi. Così gli ho prestato dell›oro per fare il viaggio e riportare delle capre. Ora il suo gregge è iniziato e l›anno prossimo sorprenderò i signori di Babilonia con i tappeti più costosi che abbiano mai avuto la fortuna di comprare. Presto dovrò restituire il suo anello. Insiste per restituire il denaro rapidamente.

"Alcuni mutuatari lo fanno?" chiese Rodan.

Se prendono in prestito per scopi che li ripagano, mi sembra che sia così. Ma se prendono in prestito per le loro indiscrezioni, ti avverto di essere prudente se vuoi riavere il tuo oro in mano".

"Dimmi di più", chiese Rodan, prendendo un pesante braccialetto d›oro con gioielli dalle decorazioni strane.

"Le donne piacciono al mio buon amico", scherzò Mathon. "Sono ancora molto più giovane di te", rispose Rodan.

"Lo ammetto, ma questa volta sospetti una storia d›amore dove non c›è. La padrona di casa qui è grassa e rugosa e parla così tanto e dice così poco che mi fa impazzire. Una volta aveva molti soldi ed era una buona cliente, ma sono caduti in tempi difficili. Ha un figlio che vuole trasformare in un mercante. Così è venuta da me e si è fatta prestare dell›oro per diventare socia di un carovaniere che viaggia con i suoi cammelli, barattando in una città ciò che compra in un'altra.

Quest'uomo si rivelò un mascalzone, perché lasciò il povero ragazzo in una città lontana senza soldi e senza amici, ritirandosi presto mentre il giovane dormiva. Forse quando questo giovane sarà diventato uomo, lo ripagherà; fino ad allora non avrà nessun reddito per ripagare il prestito, solo un sacco di chiacchiere. Ma ammetto che i gioielli valgono il prestito.

"Questa signora le ha chiesto un consiglio sull'opportunità del prestito?"

"No, al contrario. Aveva immaginato questo suo figlio come un uomo ricco e potente di Babilonia. Suggerire il contrario significava farla infuriare. Ho avuto un giusto rimprovero. Sapevo il rischio che correva questo ragazzo inesperto, ma visto che offriva sicurezza non potevo rifiutare."

"Questo", continuò Mathon, agitando un pezzo di corda da carico legato con un nodo, "appartiene a Nebatur, il commerciante di cammelli. Quando vuole comprare una mandria più grande dei suoi fondi, mi porta questo nodo e io glielo presto secondo i suoi bisogni. È un commerciante saggio. Mi fido del suo giudizio e posso prestarglielo liberamente. Molti altri mercanti di Babilonia hanno la mia fiducia per il loro comportamento onorevole.

I loro gettoni vanno e vengono spesso nella mia gettoniera. I buoni commercianti sono una risorsa per la nostra città e mi giova aiutarli affinché il commercio rimanga prospero."

Mathon raccolse uno scarabeo intagliato in un lapislazzulo e lo gettò sprezzantemente a terra. "Un insetto dall'Egitto. Al ragazzo che lo possiede non importa se riavrò mai il mio oro. Quando lo rimprovero, risponde: "Come posso restituirlo quando il destino malvagio mi insegue? Hai molti altri clienti", cosa posso fare? Il gettone appartiene a suo padre, un uomo onorevole ma con pochi mezzi che ha impegnato la sua terra e il suo gregge per sostenere le imprese del figlio. Il giovane ha avuto successo all'inizio e poi si è entusiasmato all'idea di una grande ricchezza.

La sua conoscenza era immatura. I suoi affari sono crollati. La gioventù è ambiziosa. La gioventù vuole prendere delle scorciatoie per raggiungere la ricchezza e le cose desiderabili che essa rappresenta. Per assicurarsi rapidamente la ricchezza, i giovani spesso prendono in prestito in modo sconsiderato.

La gioventù, che non ha mai fatto esperienza, non può rendersi conto che il debito senza speranza è come un pozzo profondo in cui si può scendere rapidamente e dove si può lottare invano per molti giorni. È un pozzo di dolori e di rimpianti dove lo splendore del sole è offuscato e la notte è resa infelice da un sonno inquieto.

Tuttavia, non scoraggio i prestiti d›oro. Io li incoraggio. Li consiglio se è per uno scopo saggio. Io stesso ho raggiunto il mio primo vero successo come prestatore con l›oro preso in prestito. Tuttavia, cosa deve fare il prestatore in un caso simile? Il giovane si dispera e non ottiene nulla. Si scoraggia. Non fa alcuno sforzo per pagare. Il mio cuore si ribella a privare il padre della sua terra e del suo bestiame."

"Mi dici molte cose che mi interessa sentire", azzardò Rodan, "ma non sento rispondere alla mia domanda: dovrei prestare i miei cinquanta pezzi d›oro al marito di mia sorella? Significano molto per me."

"Tua sorella è una donna eccellente che stimo molto. Se suo marito venisse a chiedermi in prestito cinquanta pezzi d›oro, gli chiederei per cosa li userebbe. Se mi rispondesse che vuole essere un mercante come me e commerciare in gioielli e mobili preziosi, gli direi: 'Che conoscenza hai delle vie del commercio? Sai dove puoi comprare al minor costo? Sai dove puoi vendere a un prezzo giusto?' Può rispondere "sì" a queste domande?"

"No, non potrebbe", ammise Rodan. "Mi ha aiutato molto a fare le lance e ha aiutato alcune persone nei negozi."

"Allora gli direi che il suo scopo non è saggio. I mercanti devono imparare il loro mestiere. La sua ambizione, anche se degna, non è pratica, e non gli presterei dell›oro. Ma, supponendo che possa dire: ‹Sì, ho aiutato molto i commercianti. So come viaggiare a Smirne e comprare a poco prezzo i tappeti tessuti dalle casalinghe. Conosco anche molti degli uomini ricchi di Babilonia a cui posso venderli con grande profitto'. Allora gli direi: 'Il tuo scopo è saggio e la tua ambizione onorevole. Ti presterò volentieri i cinquanta pezzi d›oro se tu mi darai l›assicurazione che te li restituirò'. Ma se dicesse: "Non ho altra assicurazione se non che sono un uomo onesto e che vi restituirò il prestito", allora gli direi: "Io tengo molto a ogni pezzo d'oro. Se i ladri te lo prendessero mentre sei in viaggio verso Smirne o ti portassero via i tappeti al tuo ritorno, allora non avresti modo di ripagarmi e il mio oro non ci sarebbe più."

"L'oro, vedi, Rodan, è la merce del prestatore di denaro. È facile da prestare. Se viene prestato incautamente, è difficile da recuperare. Il finanziatore saggio non vuole il rischio di impresa, ma la garanzia di un rimborso sicuro."

"È bene", continuò, "aiutare coloro che sono in difficoltà, è bene aiutare coloro sui quali il destino ha steso una mano pesante. È bene aiutare coloro che iniziano a progredire e a diventare cittadini validi. Ma l'aiuto deve essere dato con saggezza, per evitare che, come l'asino del contadino, nel nostro desiderio di aiutare non facciamo altro che prendere su di noi il peso che appartiene ad un altro.

Ancora una volta mi sono allontanato dalla tua domanda, Rodan, ma ascolta la mia risposta: tieni i tuoi cinquanta pezzi d'oro. Tutto ciò che guadagni dal tuo lavoro e tutto ciò che ti viene dato come ricompensa è tuo e nessuno può costringerti a separartene, a meno che non sia il tuo desiderio. Se vuoi prestarlo per guadagnare più oro, allora prestalo con cautela e in posti diversi. Non mi piace l'oro inattivo, tanto meno il rischio eccessivo. Quanti anni hai lavorato come fabbricante di lance?"

"In totale tre".

"Quanto hai risparmiato oltre al dono del re?"

"Tre pezzi d'oro."

"Ogni anno che hai lavorato ti sei negato delle cose buone per risparmiare dai tuoi guadagni un pezzo d'oro?"

"È come dici tu."

"Così potresti risparmiare in cinquant'anni di lavoro cinquanta pezzi d'oro per la tua abnegazione?"

"Sarebbe una vita di lavoro."

"Pensi che tua sorella vorrà mettere a repentaglio i risparmi di cinquant'anni di lavoro sul crogiolo di bronzo perché suo marito possa fare l'esperienza di un mercante?"

"Non se ripeto le tue parole".

"Allora vai da lei e dille: "Per tre anni ho lavorato tutti i giorni, tranne i giorni di digiuno, dalla mattina alla sera, e mi sono negato molte cose che il mio cuore desiderava. Per ogni anno di fatica e abnegazione devo mostrare un pezzo d>oro. Sei la mia sorella prediletta e auguro a tuo marito di impegnarsi in affari nei quali prospererà molto. Se mi presenterai un piano che sembri saggio e possibile al mio amico Mathon, allora ti presterò volentieri i miei risparmi di un anno intero per darti la possibilità di dimostrare che puoi riuscire". Fallo, ti dico, e se ha dentro di sé l>anima per riuscire, potrà dimostrarlo. Se fallisce, non ti dovrà più di quanto potrà mai sperare di ripagare.

"+Sono un prestatore d>oro perché possiedo più oro di quello che posso usare nel mio commercio. Desidero che il mio oro in eccesso sia utile per guadagnare più oro. Non voglio correre il rischio di perdere il mio oro, perché ho lavorato duro e mi sono negato molto per ottenerlo. Pertanto, non presterò più nulla di tutto questo se non sono sicuro che sia sicuro e che mi venga restituito. Né lo presterò dove non sono convinto che il suo ricavato mi sarà prontamente pagato.

Ti ho detto, Rodan, alcuni dei segreti del mio scrigno di gettoni. Da loro si può capire la debolezza degli uomini e la loro smania di prendere in prestito ciò che non hanno mezzi sicuri per ripagare. Da questo si può vedere come spesso le loro grandi speranze dei grandi profitti che potrebbero fare, se avessero l>oro, non sono che false speranze che non hanno la capacità o l>allenamento per realizzare.

Tu, Rodan, ora hai dell>oro che dovresti usare per guadagnare altro oro per te stesso. Stai per diventare, come me, un prestatore d>oro. Se conservi il tuo tesoro in modo sicuro, ti darà generosi profitti e sarà una ricca fonte di piacere e profitto per tutti i tuoi giorni. Ma se lo lasci scivolare via, sarà una fonte di dolore e rimpianto costante finché durerà la tua memoria. Cosa vuoi di più per questo oro nel tuo portafoglio?"

"Voglio tenerlo al sicuro".

"Parli saggiamente", rispose Mathon con approvazione. "Il tuo primo desiderio è la sicurezza. Pensi che nella custodia del marito di tua sorella sarebbe davvero al sicuro da eventuali perdite?"

"Ho paura di no, perché non è saggio nella custodia dell>oro."

"Quindi, non essere spinto da sciocchi sentimenti di obbligo ad affidare il tuo tesoro a qualcuno. Se vuoi aiutare la tua famiglia o i tuoi amici, trova altri mezzi piuttosto che rischiare la perdita del tuo tesoro. Non dimenticare che l›oro sfugge inaspettatamente a chi non sa come custodirlo. Puoi anche sprecare il tuo tesoro nelle stravaganze, piuttosto che lasciare che altri lo perdano per te. Qual è la prossima cosa che vuoi dopo la sicurezza di questo tuo tesoro?"

"Poter guadagnare più oro".

"Ancora una volta parli con saggezza. Bisogna farlo lievitare e crescere. L›oro preso in prestito saggiamente può anche raddoppiare con i suoi guadagni davanti a un uomo quando invecchia. Se si rischia di perderlo si rischia di perdere anche tutto ciò che si guadagnerebbe.

Pertanto, non lasciarti trasportare dagli schemi fantastici di uomini poco pratici che pensano di vedere un modo per forzare il tuo oro in profitti insolitamente grandi. Tali schemi sono le creazioni di sognatori inesperti delle leggi sicure e affidabili del commercio. Sii prudente in quello che ti aspetti di guadagnare per conservare e godere del tuo tesoro. Affittarlo con la promessa di rendimenti usurari è un invito alla perdita.

Cercate di associarti con uomini e società il cui successo è ben consolidato, in modo che il tuo tesoro possa fruttare bene sotto il loro abile uso ed essere custodito in modo sicuro dalla loro saggezza ed esperienza. Così eviterai le disgrazie che perseguitano la maggior parte dei figli degli uomini ai quali gli dei ritengono opportuno affidare l›oro."

Quando Rodan volle ringraziarlo per i suoi saggi consigli, lui non volle ascoltarlo, dicendo: "Il dono del re ti insegnerà molta saggezza. Se vuoi conservare i tuoi cinquanta pezzi d›oro, devi essere molto discreto. Molti usi ti tenteranno. Ti saranno dati molti consigli. Ti saranno offerte numerose opportunità di grande profitto. Le storie della mia gettoniera dovrebbero avvertirti, prima di far uscire qualsiasi pezzo d›oro dalla tua borsa, di assicurarti di avere un modo sicuro per recuperarlo. Se il mio consiglio ti piace, torna ancora. Sono felice di dartelo. Quando te ne vai, leggi questa frase che ho inciso sotto il coperchio della mia gettoniera. Si applica allo stesso modo al mutuatario e al mutuante:

MEGLIO AVERE UN PO' DI PRUDENZA CHE MOLTO RAMMARICO

Le mura di Babilonia

Il vecchio Banzar, un arcigno guerriero di un'altra epoca, stava di guardia nel corridoio che portava in cima alle antiche mura di Babilonia. Sopra, coraggiosi difensori combattevano per mantenere le mura. Da loro dipendeva la futura esistenza di questa grande città con le sue centinaia di migliaia di cittadini.

Sopra le mura arrivava il ruggito degli eserciti che attaccavano, le grida di molti uomini, il calpestio di migliaia di cavalli, il rombo assordante degli arieti che battevano le porte di bronzo.

Nella strada, dietro il cancello, stavano i lancieri, in attesa di difendere l'ingresso se i cancelli avessero ceduto. Erano troppo pochi per il compito. Le principali armate di Babilonia erano con il loro re, lontano in Oriente, nella grande spedizione contro gli Elamiti. Poiché nessun attacco alla città era previsto durante la sua assenza, le forze di difesa erano ridotte.

Inaspettatamente, da nord, caddero i potenti eserciti degli Assiri. E ora le mura dovevano stare in piedi o Babilonia sarebbe stata condannata.

Tutto intorno a Banzar c'erano grandi folle di cittadini, con le facce bianche e terrorizzate, che cercavano ansiosamente notizie della battaglia. Con timore silenzioso guardavano il flusso di feriti e morti che venivano portati o condotti fuori dal corridoio.

Questo era il punto cruciale dell'attacco. Dopo tre giorni di giro intorno alla città, il nemico aveva improvvisamente lanciato la sua grande forza contro questa sezione e questa porta.

I difensori in cima al muro combattevano le piattaforme di arrampicata e le scale degli attaccanti con frecce, olio bollente e, se qualcuno arrivava in cima, con le lance. Contro i difensori, migliaia di arcieri nemici lanciarono una micidiale raffica di frecce.

Il vecchio Banzar aveva il posto vantaggioso per le notizie. Era il più vicino al conflitto ed era il primo a sentire ogni nuovo rifiuto degli attaccanti frenetici.

Un anziano mercante gli si avvicinò, le sue mani paralizzate che tremavano. "Dimmelo! Dimmelo! ", ha supplicato. "Dimmi che non possono entrare. I miei figli sono con il buon re. Non c'è nessuno che protegga la mia vecchia moglie. I miei beni, li ruberanno tutti. Il mio cibo, non lasceranno nulla. Siamo vecchi, troppo vecchi per difenderci, troppo vecchi per essere schiavi. Moriremo di fame. Moriremo. Dimmi che non possono entrare."

"Calmati, buon mercante", rispose la guardia. "Le mura di Babilonia sono forti. Torna al mercato e di' a tua moglie che le mura proteggeranno te e tutti i tuoi beni come proteggono i ricchi tesori del re. Resta vicino alle mura, per evitare che le frecce che volano sopra di te ti colpiscano."

Una donna con un bambino in braccio prese il posto del vecchio quando se ne andò. "Sergente, quali notizie dall'alto? Ditemi la verità affinché io possa rassicurare il mio povero marito. Egli giace febbricitante per le sue terribili ferite, ma insiste sulla sua armatura e sulla sua lancia per proteggere me, che sono incinta. Dice che la brama di vendetta dei nostri nemici sarà terribile se faranno irruzione."

"Sii di buon cuore, madre che sei e che sarai ancora, le mura di Babilonia proteggeranno te e i tuoi bambini. Sono alti e forti, non senti le grida dei nostri coraggiosi difensori mentre svuotano i calderoni di olio bollente sugli scalatori?"

"Sì, lo sento, e anche il rombo degli arieti che martellano alle nostre porte".

"Torna da tuo marito. Digli che le porte sono forti e resistono agli arieti. Anche che gli arrampicatori si arrampicano sulle pareti ma per ricevere la spinta della lancia in attesa. Guarda la strada e affrettati dietro gli edifici."

Banzar si fece da parte per liberare la strada ai rinforzi pesantemente armati. Quando, con il tintinnio dei loro scudi di bronzo e il loro passo pesante, gli passarono accanto, una bambina gli tirò la fascia.

"Dimmi, per favore, soldato, siamo al sicuro?", supplicò. "Sento rumori orribili. Vedo gli uomini sanguinare. Ho tanta paura, cosa ne sarà della nostra famiglia, di mia madre, del mio fratellino e del neonato?".

Il vecchio e torvo combattente sbatté le palpebre e sporse il mento in avanti mentre guardava la bambina.

"Non aver paura, piccola", la rassicurò. "Le mura di Babilonia proteggeranno te, tua madre, il tuo fratellino e il neonato. Era per la sicurezza di bambini come te che la buona regina Semiramide ha costruito le mura più di cento anni fa. Non sono mai state violate. Torna indietro e di' a tua madre, al tuo fratellino e al bambino che le mura di Babilonia li proteggeranno e non dovranno temere."

Giorno dopo giorno, il vecchio Banzar stava al suo posto e guardava i rinforzi che salivano dal corridoio, per restare a combattere fino a quando, feriti o morti, scendevano di nuovo. Intorno a lui, la folla di cittadini spaventati premeva incessantemente, cercando ansiosamente di sapere se le mura avrebbero retto.

A tutti rispose con la bella dignità di un vecchio soldato: "Le mura di Babilonia vi proteggeranno".

Per tre settimane e cinque giorni l'attacco infuriò con una violenza che a malapena cessava. La mascella di Banzar si indurì e si indurì mentre il passaggio posteriore, bagnato dal sangue dei molti feriti, veniva trasformato in fango dai flussi incessanti di uomini che barcollavano su e giù. Ogni giorno, gli assalitori massacrati si ammucchiavano davanti al muro. Ogni notte venivano riportati indietro e sepolti dai loro compagni. La quinta notte della quarta settimana, il clamore non si era attenuato. I primi raggi del giorno, illuminando le pianure, rivelarono grandi nuvole di polvere sollevate dagli eserciti in ritirata.

I difensori lanciarono un potente grido. Non c'erano dubbi sul suo significato. Ebbe un'eco dalle truppe che aspettavano dietro le mura. I cittadini lo riecheggiavano nelle strade. Travolse la città con la violenza di una tempesta.

La gente si precipitò fuori dalle case. Le strade erano piene di una folla pulsante. La paura repressa per settimane trovò uno sfogo nel coro selvaggio della gioia. Dalla cima dell'alta torre del Tempio di Bel scoppiarono le fiamme della vittoria. La colonna di fumo blu fluttuò verso il cielo per portare il messaggio in lungo e in largo.

Le mura di Babilonia avevano ancora una volta respinto un nemico potente e testardo, determinato a saccheggiare i suoi ricchi tesori e a violentare e schiavizzare i suoi cittadini. Babilonia resistette secolo dopo secolo perché era completamente protetta. Non poteva permettersi altro."

Le mura di Babilonia sono un primo esempio del bisogno e del desiderio di protezione dell'uomo. Questo desiderio è insito nella razza umana. Oggi è forte come sempre, ma abbiamo sviluppato piani più grandi e migliori per raggiungere lo stesso scopo.Oggi, dietro le mura inespugnabili dell'assicurazione, dei conti di risparmio e degli investimenti affidabili, possiamo proteggerci dalle tragedie inaspettate che possono entrare da qualsiasi porta e sedersi su qualsiasi focolare.

NON POSSIAMO PERMETTERCI DI NON AVERE UNA PROTEZIONE ADEGUATA.

Il commerciante di cammelli babilonese

Più hai fame, più la tua mente è chiara, e anche più sei sensibile agli odori del cibo.

Tarkad, il figlio di Azure, lo pensava. Per due giorni interi non aveva assaggiato alcun cibo, tranne due piccoli fichi rubati sopra un muro del giardino. Non riuscì a prenderne un altro prima che una donna furiosa si precipitasse fuori e lo inseguisse per la strada. Le sue urla stridenti risuonavano ancora nelle sue orecchie mentre camminava attraverso la piazza del mercato. Lo aiutavano a trattenere le sue dita irrequiete dallo strappare i frutti allettanti dai cesti delle donne del mercato.

Non si era mai reso conto prima di quanto cibo veniva portato nei mercati di Babilonia e quanto buono fosse il suo odore. Lasciando il mercato, si diresse verso la locanda e camminò avanti e indietro davanti alla sala da pranzo. Forse qui avrebbe incontrato qualcuno che conosceva; qualcuno da cui avrebbe potuto prendere in prestito un rame che gli avrebbe fatto guadagnare un sorriso dal poco amichevole oste e, con esso, una generosa razione. Senza il rame, sapeva fin troppo bene quanto sarebbe stato sgradito.

Nella sua distrazione si trovò inaspettatamente faccia a faccia con l'uomo che più desiderava evitare, la figura alta e ossuta di Dabasir, il commerciante di cammelli. Tra tutti gli amici e gli altri da cui aveva preso in prestito piccole somme, Dabasir era quello che più lo infastidiva non avendo mantenuto le sue promesse di pronta restituzione.

Il volto di Dabasir si illuminò alla vista. "Ah! È Tarkad, proprio quello che cercavo per restituire i due pezzi di rame che gli ho prestato una luna fa; anche il pezzo d'argento che gli ho prestato prima. Ci incontriamo a proposito. Posso fare buon uso delle monete proprio oggi. Che ne dici, ragazzo, che ne dici?"

Tarkad balbettò e il suo viso arrossì. Non aveva niente nello stomaco vuoto che lo incoraggiasse a discutere con lo schietto Dabasir. "Mi dispiace, mi dispiace molto", mormorò debolmente, "ma oggi non ho né il rame né l'argento con cui potrei pagare".

"Allora cercalo", insistette Dabasir, "Sicuramente puoi mettere le mani su qualche moneta di rame e un pezzo d'argento per ripagare la generosità di un vecchio amico di tuo padre che ti ha aiutato quando eri nel bisogno".

"È perché la sfortuna mi segue che non posso pagare".

"Vuoi incolpare gli dei per la tua debolezza? La sfortuna segue ogni uomo che pensa più a prendere in prestito che a ripagare. Vieni con me, ragazzo mio, mentre mangio. Ho fame e voglio raccontarti una storia."

Tarkad rabbrividì alla brutale franchezza di Dabasir, ma qui almeno c'era un invito ad entrare nell'ambita porta della locanda.

Dabasir lo spinse in un angolo della stanza dove si sedettero su piccoli tappeti.

Quando Kauskor, il padrone di casa, apparve sorridendo, Dabasir si rivolse a lui con la sua solita libertà: "Grassa lucertola del deserto, portami un piede di capra, marrone con molto succo, e pane e tutte le verdure, perché ho fame e voglio molto cibo. Non dimenticare il mio amico. Portagli una brocca d'acqua. Lascialo raffreddare, perché il giorno è caldo".

Il cuore di Tarkad affondò: doveva stare qui a bere acqua mentre guardava quest'uomo divorare un'intera gamba di capra? Non disse nulla. Non pensava a nulla che potesse dire.

Tuttavia, Dabasir non conosceva il silenzio. Sorridendo e salutando gli altri clienti, che lo conoscevano, continuò. "Ho sentito parlare da un viaggiatore appena tornato da Urfa di un certo uomo ricco che ha un pezzo di pietra tagliato così sottile che ci si può guardare attraverso. L'ha messo nella finestra di casa sua per tenere fuori la pioggia.

È giallo, così racconta questo viaggiatore, gli è stato permesso di guardare attraverso di esso e tutto il mondo fuori sembrava strano e non come è realmente. Cosa ne dici, Tarkad? Pensi che il mondo intero possa sembrare a un uomo di un colore diverso da quello che è?"

"Oserei dire di sì", rispose il giovane, molto più interessato al grasso piede di capra posto davanti a Dabasir.

"Beh, so che è vero perché io stesso ho visto il mondo di un colore diverso da quello che è in realtà, e la storia che sto per raccontare parla di come sono arrivato a vederlo di nuovo nel suo giusto colore."

"Dabasir sta per raccontare una storia", sussurrò un commensale vicino al suo vicino, e avvicinò il suo tappeto. Altri commensali portarono il loro cibo e si accalcarono in un semicerchio. Scricchiolavano rumorosamente nelle orecchie di Tarkad e lo sfioravano con le loro ossa carnose. Solo che era senza cibo. Dabasir non si offrì di condividere con lui e nemmeno gli indicò un piccolo angolo di pane raffermo che si era rotto ed era caduto dal vassoio sul pavimento.

"La storia che sto per raccontare", iniziò Dabasir, soffermandosi a mordere un buon pezzo di piede di capra, "riguarda la mia prima vita e come sono diventato un commerciante di cammelli. Qualcuno sa che un tempo ero uno schiavo in Siria?

Un mormorio di sorpresa attraversò l'auditorio, cosa che Dabasir ascoltò con soddisfazione.

"Quando ero giovane", continuò Dabasir dopo un altro feroce affondo al piede della capra, "Ho imparato il mestiere di mio padre, quello di sellaio. Ho lavorato con lui nella sua officina e ho preso una moglie.

Essendo giovane e non molto esperto, non potevo guadagnare molto, solo abbastanza per mantenere modestamente la mia eccellente moglie. Avevo voglia di cose buone che non potevo permettermi. Ho scoperto presto che i negozianti contavano su di me per pagare più tardi anche se non potevo pagare in quel momento. Essendo giovane e inesperto, non sapevo che chi spende più di quanto guadagna sta seminando i venti di un'inutile autoindulgenza, dai quali è sicuro di raccogliere i vortici di guai e umiliazioni. Così ho assecondato i miei capricci di vestiti eleganti e ho comprato lussi per la mia brava moglie e la nostra casa al di là dei nostri mezzi. Ho pagato come ho potuto e per un po' tutto è andato bene. Ma col tempo ho scoperto che non potevo usare i miei guadagni sia per vivere che per pagare i miei debiti.

I creditori hanno iniziato a inseguirmi per pagare i miei acquisti stravaganti e la mia vita è diventata miserabile. Ho preso in prestito dagli amici, ma non ho potuto ripagare neanche loro. Le cose sono andate di male in peggio. Mia moglie tornò da suo padre e io decisi di lasciare Babilonia e cercare un'altra città dove un giovane potesse avere migliori opportunità.

Per due anni ho avuto una vita inquieta e infruttuosa lavorando per dei commercianti in una carovana. Da lì mi sono imbattuto in un gruppo di ladri simpatici che vagavano nel deserto alla ricerca di carovane disarmate. Tali atti erano indegni del figlio di mio padre, ma io vedevo il mondo attraverso una pietra colorata e non mi rendevo conto della degradazione in cui ero caduto.

Abbiamo avuto successo nel nostro primo viaggio, catturando un ricco bottino di oro, sete e merci di valore. Questo bottino lo portammo a Ginir e lo sperperammo.

La seconda volta non siamo stati così fortunati. Subito dopo la nostra cattura, siamo stati attaccati dagli scagnozzi di un capo indigeno che le carovane pagavano per proteggersi. I nostri due capi furono uccisi e il resto di noi fu portato a Damasco, dove fummo spogliati dei nostri vestiti e venduti come schiavi.

Sono stato comprato per due pezzi d'argento da un capo del deserto siriano. Con i capelli rasati e solo un perizoma da indossare, non ero così diverso dagli altri schiavi. Essendo un giovane spericolato, pensavo che fosse una semplice avventura fino a quando il mio padrone mi portò dalle sue quattro mogli e disse loro che potevano avermi come eunuco.

Poi, in effetti, mi sono reso conto di quanto fosse disperata la mia situazione. Questi uomini del deserto erano feroci e bellicosi. Ero sottomesso alla loro volontà, senza armi e senza possibilità di fuga.

Rimasi in piedi impaurito mentre quelle quattro donne mi guardavano. Mi chiedevo se potessi aspettarmi pietà da loro. Sira, la prima moglie, era più vecchia delle altre. Il suo viso era impassibile mentre mi guardava. Mi allontanai da lei con poco conforto. La successiva era una bellezza sprezzante che mi guardava con tanta indifferenza come se fossi un verme della terra. Le due più giovani ridevano come se l'intera faccenda fosse uno scherzo emozionante. Passai un'eternità ad aspettare la sentenza. Ogni donna sembrava disposta a lasciar decidere le altre. Infine Sira parlò con voce fredda.

"Di eunuchi ne abbiamo molti, ma di cammellieri ne abbiamo pochi e sono una massa inutile. Anche oggi vado a trovare mia madre, che è malata di febbre, e non c'è uno schiavo di cui mi possa fidare per guidare il mio cammello. Chiedi a questo schiavo se sa guidare un cammello". Il mio padrone mi chiese allora: "Cosa sai dei cammelli?

Sforzandomi di nascondere la mia impazienza, risposi: posso farli inginocchiare, posso portarli, posso guidarli in lunghi viaggi senza stancarmi. Se necessario, posso riparare le loro bardature.

"Lo schiavo parla con correttezza", osservò il mio padrone. "Se vuoi, Sira, prendi quest'uomo come tuo cammelliere".

Così Sira mi accettò, e quel giorno ho condotto il suo cammello in un lungo viaggio verso sua madre malata. Colsi l'occasione per ringraziarla della sua intercessione e anche per dirle che non ero schiavo per nascita, ma figlio di un uomo libero, un onorato sellaio di Babilonia. Le ho anche raccontato gran parte della mia storia. I suoi commenti mi hanno lasciato perplesso e ho riflettuto molto più tardi su ciò che ha detto.

"Come puoi definirti un uomo libero quando la tua debolezza ti ha portato a questo? Se un uomo ha in sé l'anima di uno schiavo, non lo diventerà nonostante la sua nascita, come l'acqua cerca il suo livello? Se un uomo ha in sé l'anima di un uomo libero, non diventerà rispettato e onorato nella sua città nonostante la sua disgrazia?"

Per più di un anno sono stato schiavo e ho vissuto con gli schiavi, ma non potevo diventare uno di loro.

Un giorno, Sira mi chiese: "Gli altri schiavi possono mescolarsi e godersi la compagnia degli altri, perché tu te ne stai da solo nella tua tenda?

Al che ho risposto: "Sto riflettendo su quello che mi hai detto. Mi chiedo se ho l'anima di uno schiavo. Non posso unirmi a loro, quindi devo sedermi in disparte".

"Anch'io devo sedermi in disparte", ha confidato. "La mia dote era grande e il mio signore mi ha sposato per questo. Tuttavia, non mi desidera. Ciò che ogni donna vuole è essere desiderata. Per questo, e perché sono sterile e non ho né figlio né figlia, devo essere messa da parte. Se fossi un uomo, preferirei morire che essere una tale schiava, ma le convenzioni della nostra tribù rendono le donne schiave."

"Cosa pensa di me" le chiesi improvvisamente: "Ho l'anima di un uomo o l'anima di uno schiavo?"

"Hai il desiderio di pagare i giusti debiti che hai in Babilonia?"

"Sì, ho il desiderio, ma non vedo come."

"Se lasci passare gli anni allegramente e non ti sforzi di pagare, allora non hai altro che l'anima senza valore di uno schiavo. Non c'è altro uomo che non possa rispettare se stesso, e non può rispettare se stesso chi non paga i debiti onesti".

"Ma cosa posso fare io, uno schiavo in Siria?

"Rimani uno schiavo in Siria allora, uomo debole."

"Non sono un debole", negai con forza.

"Allora provalo."

"Come?"

"Il vostro grande re non combatte forse i suoi nemici in ogni modo possibile e con tutta la forza che ha? I tuoi debiti sono i tuoi nemici. Ti hanno cacciato da Babilonia. Li hai ignorati e sono diventati troppo forti per te. Se tu avessi combattuto contro di loro come un uomo, avresti potuto conquistarli ed essere uno dei giusti tra la gente della città. Ma tu non avevi un'anima per combattere contro di loro, ed ecco che il tuo orgoglio è decaduto fino a renderti schiavo in Siria."

Ho riflettuto molto sulle sue accuse poco gentili e ho abbozzato molte frasi difensive per dimostrare che non ero uno schiavo nel cuore, ma non ho avuto l'opportunità di usarle. Tre giorni dopo, la cameriera di Sira mi portò davanti alla sua padrona.

"Mia madre è di nuovo molto malata", disse Sira, "Sella i due migliori cammelli della mandria di mio marito. Lega pelli d'acqua e bisacce per un lungo viaggio. La cameriera ti darà da mangiare nella tenda da cucina."

Preparai i cammelli, sorpreso dalla quantità di provviste fornite dalla cameriera, dato che la madre viveva a meno di un giorno di viaggio. La cameriera cavalcava il cammello posteriore che la seguiva e io guidavo il cammello della mia padrona. Quando arrivammo a casa di sua madre era poco dopo il tramonto. Sira congedò la cameriera e mi disse: "Dabasir, hai l'anima di un uomo libero o l'anima di uno schiavo?"

"L'anima di un uomo libero", insistetti.

"Ora è la tua occasione per dimostrarlo. Il tuo padrone ha bevuto profondamente e i suoi servi sono in uno stato di torpore. Prendi questi cammelli e scappa. In questa borsa ci sono i vestiti del tuo padrone per camuffarti. Dirò che hai rubato i cammelli e sei scappato mentre ero in visita a mia madre malata".

"Hai l'anima di una regina", ho detto, "vorrei poterti condurre alla felicità".

"La felicità", rispose, "non attende la moglie fuggitiva che la cerca in terre lontane tra gente sconosciuta. Vai per la tua strada e che gli dei del deserto ti proteggano, perché la strada è lontana e senza cibo e acqua."

Non ho avuto bisogno di altre sollecitazioni, ma la ringraziai calorosamente e uscii nella notte. Non sapevo nulla di questo strano paese e avevo solo una vaga idea della direzione in cui si trovava Babilonia, ma attraversai coraggiosamente il deserto verso le colline. Ho montato un cammello e guidato l'altro. Ho viaggiato tutta la notte e tutto il giorno seguente, spinto dalla conoscenza del terribile destino degli schiavi che rubavano la proprietà del loro padrone e cercavano di fuggire.

Nel tardo pomeriggio sono arrivato in un paese aspro e inabitabile come il deserto. Le rocce appuntite ammaccavano i piedi dei miei fedeli cammelli che si sfondavano lentamente e dolorosamente.

Non ho incontrato né uomini né bestie e potevo ben capire perché evitavano questa terra inospitale.

Da quel momento in poi è stato un viaggio che pochi uomini vivono per raccontarlo. Giorno dopo giorno abbiamo arrancato.

Il cibo e l'acqua sono finiti. Il calore del sole era spietato. Alla fine del nono giorno, scivolai dalla sella con la sensazione di essere troppo debole per cavalcare ancora e che sarei sicuramente morto, perso in questo paese abbandonato.

Mi sdraiai per terra e dormii, non svegliandomi fino alla prima luce del giorno. Mi sedetti e mi guardai intorno. L'aria del mattino era fresca. I miei cammelli giacevano sconsolati poco lontano. Intorno a me c'era una vasta distesa di terra smossa, coperta di rocce e sabbia e cose spinose, senza segno di acqua, senza niente da mangiare per l'uomo o il cammello.

Poteva essere che in questa calma tranquilla io stessi incontrando la mia fine? La mia mente era più chiara che mai. Il mio corpo sembrava di poca importanza. Le mie labbra riarse e sanguinanti, la mia lingua secca e gonfia, il mio stomaco vuoto, tutto aveva perso le supreme agonie del giorno prima.

Guardai nella distanza non invitante e ancora una volta mi venne la domanda: "Ho l'anima di uno schiavo o l'anima di un uomo libero?" Allora mi fu chiaro che se avevo l'anima di uno schiavo, dovevo arrendermi, sdraiarmi nel deserto e morire, una fine appropriata per uno schiavo fuggitivo.

Ma se avessi l'anima avuto di un uomo libero, cosa avrei fatto allora? Sicuramente, mi sarei sforzato di tornare a Babilonia, restituire il favore alle persone che si erano fidate di me, portare felicità a mia moglie, che mi amava veramente, e portare pace e gioia ai miei genitori.

"I tuoi debiti sono i tuoi nemici che ti hanno cacciato da Babilonia", aveva detto Sira. Sì, così era stato.

Perché mi ero rifiutato di comportarmi da uomo? Perché avevo permesso a mia moglie di tornare da suo padre?

Poi è successo qualcosa di strano. Il mondo intero sembrava avere un colore diverso, come se lo avessi guardato attraverso una pietra colorata che era stata improvvisamente rimossa. Finalmente ho visto i veri valori della vita.

Con una nuova visione, ho visto le cose che dovevo fare.

In primo luogo, tornare a Babilonia e affrontare ogni uomo a cui ho un debito non pagato. Dire loro che, dopo anni di vagabondaggio e di disgrazia, ero tornato per pagare i miei debiti tanto velocemente quanto gli dei avessero permesso. Poi avrei costruito una casa per mia moglie e sarei diventato un cittadino di cui i miei genitori sarebbero stati orgogliosi.

I miei debiti erano i miei nemici, ma i miei debitori erano i miei amici perché si erano fidati di me e avevano creduto in me. Barcollavo debolmente. Cosa importava la fame, cosa importava la sete? Non erano che incidenti sulla strada per Babilonia. In me sorgeva l'anima di un uomo libero che tornava a conquistare i suoi nemici e a premiare i suoi amici. Ero entusiasta della grande risoluzione.

Gli occhi vitrei dei miei cammelli si illuminarono alla nuova nota della mia voce roca. Con grande sforzo, dopo molti tentativi, si alzarono in piedi. Con pietosa perseveranza, avanzarono verso nord, dove qualcosa dentro di me diceva che avremmo trovato Babilonia.

Abbiamo trovato l'acqua. Passammo in un paese più fertile dove c'era erba e frutta. Abbiamo trovato la nostra strada a Babilonia perché l'anima di un uomo libero guarda la vita come una serie di problemi da risolvere e li risolve, mentre l'anima di uno schiavo si lamenta: "Cosa posso fare, sono solo uno schiavo?"

E tu, Tarkad, il tuo stomaco vuoto ti schiarisce le idee? Sei pronto a prendere la strada che ti riporta al rispetto di te stesso? Riesci a vedere il mondo nel suo vero colore? Hai il desiderio di pagare i tuoi onesti debiti, per quanto numerosi possano essere, e diventare di nuovo un uomo rispettato in Babilonia?"

L'umidità si fece strada negli occhi del giovane. Si alzò in ginocchio con trasporto. "Mi hai mostrato una visione; già sento sorgere in me l'anima di un uomo libero."

"Ma come hai fatto al tuo ritorno?" chiese un ascoltatore interessato.

"Dove c'è la determinazione, si può trovare la via", rispose Dabasir, "Io avevo la determinazione, quindi mi misi a cercare la via. Prima ho visitato tutti gli uomini con cui ero in debito e ho implorato la loro indulgenza fino a quando non avrei potuto ottenere quello con cui ripagare. La maggior parte di loro mi ha ricevuto volentieri. Molti mi hanno insultato, ma altri si sono offerti di aiutarmi; uno, infatti, mi ha dato l'aiuto di cui avevo bisogno. Era Mathon, il prestatore d'oro. Quando seppe che ero stato un usuraio di cammelli in Siria, mi mandò dal vecchio Nebatur, il mercante di cammelli, che era appena stato incaricato dal nostro buon re di comprare molte mandrie di cammelli sani per la grande spedizione. Con lui ho messo in pratica le mie conoscenze sui cammelli. A poco a poco sono riuscito a restituire ogni rame e ogni pezzo d'argento. Poi, finalmente, ho potuto alzare la testa e sentire che ero un uomo d'onore tra gli uomini."

Di nuovo Dabasir si rivolse al suo cibo. "Kauskor, lumaca", chiamò abbastanza forte da essere sentito in cucina, "il cibo è freddo. Portami altra carne appena arrostita. Porta anche una grande porzione per Tarkad, il figlio del mio vecchio amico, che ha fame e mangerà con me."

Così finì la storia di Dabasir, il commerciante di cammelli dell'antica Babilonia. Ha trovato la propria anima quando si è reso conto di una grande verità, una verità che era stata conosciuta e utilizzata da uomini saggi molto prima del suo tempo.

Ha portato uomini di tutte le età fuori dalle difficoltà e verso il successo, e continuerà a farlo per coloro che hanno la saggezza di comprendere il suo potere magico. È per ogni uomo che legge queste righe.

DOVE C'È LA DETERMINAZIONE, PUÒ ESSERCI LA VIA

Tavolette di argilla babilonesi

St. Swithin's College
Università di Nottingham
Newark- on-Trent
Nottingham
Professor Franklin Caldwell,
Cura Della Spedizione Scientifica Britannica,
Hillah, Mesopotamia.
21 ottobre 1934.

Mio caro professore,

Le cinque tavolette d'argilla del suo recente scavo nelle rovine di Babilonia sono arrivate sulla stessa nave della sua lettera. Mi hanno affascinato enormemente e ho passato molte ore piacevoli a tradurre le loro iscrizioni. Avrei dovuto rispondere immediatamente alla sua lettera, ma ho ritardato fino a quando ho potuto completare le traduzioni allegate.

Le compresse sono arrivate intatte, grazie all'uso attento dei conservanti e all'ottimo imballaggio.

Sarà stupito come lo siamo stati noi in laboratorio dalla storia che raccontano. Ci si aspetta che il passato oscuro e lontano parli di romanticismo e avventura, roba da "Mille e una notte". Quando, invece, rivela la situazione di una persona chiamata Dabasir per pagare i suoi debiti, ci si rende conto che le condizioni in questo vecchio mondo non sono cambiate in cinquemila anni come ci si potrebbe aspettare.

È divertente, ma queste antiche iscrizioni mi fanno abbastanza "arrabbiare", come dicono gli studenti. Essendo un professore universitario, si suppone che io sia un essere umano pensante con una conoscenza pratica della maggior parte delle materie.

Eppure, ecco che questo vecchio amico emerge dalle rovine coperte di polvere di Babilonia per offrirmi un modo che non ho mai sentito per pagare i miei debiti e, allo stesso tempo, acquisire oro che tintinna nel mio portafoglio.

Un bel pensiero, dico io, e interessante testare se funzionerà così bene oggi come nell'antica Babilonia. La signora Shrewsbury ed io stiamo progettando di suo il vostro piano nei nostri affari, che potrebbero essere migliorati notevolmente. Augurandoti buona fortuna per la tua utile impresa e in attesa di un'altra opportunità per aiutare,

Ti offro cordiali saluti,

Alfred H. Shewsbury,

Dipartimento di Archeologia.

Tavoletta numero 1

"Ora, quando la luna è piena, io, Dabasir, che sono appena tornato dalla schiavitù in Siria, deciso a pagare i miei molti debiti giusti e a diventare un uomo di mezzi degno di rispetto nella mia città natale di Babilonia, incido qui sull'argilla un registro permanente dei miei affari per guidarmi e aiutarmi a realizzare i miei alti desideri.

Sotto il saggio consiglio del mio buon amico Mathon, il prestatore d'oro, sono deciso a seguire un piano esatto che, secondo lui, condurrà ogni uomo d'onore fuori dai debiti verso la ricchezza e il rispetto di sé.

Questo piano include tre scopi che sono la mia speranza e il mio desiderio. In primo luogo, il piano prevede la mia prosperità futura.

Pertanto, un decimo di tutto quello che guadagno sarà riservato a me. Perché Mathon parla saggiamente quando dice:

"L'uomo che tiene nella sua borsa oro e argento che non ha bisogno di spendere è buono con la sua famiglia e fedele al suo re.

L'uomo che non ha più di qualche moneta nella sua borsa è indifferente alla sua famiglia e indifferente al suo re.

Ma l'uomo che non ha nulla nella sua borsa è scortese con la sua famiglia e sleale verso il suo re, perché il suo cuore è amaro.

Perciò, l'uomo che desidera ottenere deve avere moneta che possa tenere a tintinnare nel suo borsellino, che abbia nel cuore l'amore per la sua famiglia e la fedeltà al suo re."

In secondo luogo, il piano afferma che devo mantenere e vestire la mia buona moglie che è tornata a me lealmente dalla casa di suo padre. Perché Mathon dice che prendersi cura di una moglie fedele infonde il rispetto di sé nel cuore di un uomo e aggiunge forza e determinazione al suo proposito.

Quindi, i sette decimi di tutto quello che guadagno saranno utilizzati per fornire una casa, vestiti da indossare e cibo da mangiare, con un po' in più da spendere, in modo che la nostra vita non manchi di piacere e divertimento.

Ma, poi, usa la massima cura affinché non si spenda più di sette decimi di quello che guadagna per questi scopi degni. Qui sta il successo del piano.

Devo vivere con questa parte e non usare mai di più o comprare ciò che non posso permettermi."

Tavoletta numero 2

"In terzo luogo, il piano prevede che i miei debiti siano pagati con i miei guadagni. Pertanto, ogni volta che la luna è piena, due decimi di tutto ciò che ho guadagnato saranno divisi onorevolmente ed equamente tra coloro che hanno avuto fiducia in me e verso i quali sono in debito. Così, a tempo debito, tutti i miei debiti saranno pagati al sicuro.

Pertanto, registro qui il nome di ogni uomo verso il quale sono debitore e l'importo onesto del mio debito.

Fahru, il tessitore di stoffe, 2 argento, 6 rame.

Sinjar, il fabbricante di divani, 1 argento.

Ahmar, mio amico, 3 argento, 1 rame.

Zankar, mio amico, 4 argento, 7 rame.

Askamir, mio amico, 1 argento, 3 rame.

Harinsir, il gioielliere, 6 argento, 2 rame.

Diarbeker, amico di mio padre, 4 argento, 1 rame.

Alkahad, il proprietario della casa, 14 argento.

Mathon, l'usuraio d'oro, 9 argento.

Birejik, il contadino, 1 argento, 7 rame."

(Da qui in poi, è disintegrata. Non può essere decifrata).

Tavoletta numero 3

"A questi creditori devo in tutto centodiciannove pezzi d'argento e centoquarantuno di rame. Poiché ero debitore di queste somme e non vedevo il modo di pagarle, nella mia follia ho permesso a mia moglie di tornare da suo padre e ho lasciato la mia città natale per cercare facili ricchezze altrove, solo per incontrare il disastro e trovarmi venduto nella degradazione della schiavitù.

Ora che Mathon mi mostra come posso pagare i miei debiti con piccole somme dal mio reddito, mi rendo conto della grande portata della mia follia nel fuggire dai risultati delle mie stravaganze. Ho quindi visitato i miei creditori e ho spiegato loro che non ho risorse con cui pagare se non la mia capacità di guadagno, e che intendo applicare i due decimi di tutto quello che guadagno al mio debito in modo uniforme e onesto. Questo è quello che posso permettermi di pagare, ma non di più.

Quindi, se avete pazienza, col tempo i miei obblighi saranno pagati per intero.

Ahmar, che consideravo il mio migliore amico, mi ha diffamato amaramente e l'ho lasciato umiliato.

Birejik, il contadino, mi ha pregato di pagarlo prima, perché aveva urgente bisogno di aiuto.

Alkahad, il proprietario della casa, era molto cattivo e insisteva che mi avrebbe dato problemi se non lo avessi raggiunto presto.

Tutti gli altri erano felici di accettare la mia proposta. Per questo sono più determinato che mai a portarlo a termine, convinto che è più facile pagare i debiti giusti che evitarli. Anche se non posso soddisfare i bisogni e le richieste di alcuni dei miei creditori, tratterò equamente con tutti loro."

Tavoletta numero 4

"Di nuovo la luna splende piena. Ho lavorato duramente con una mente libera. La mia buona moglie ha sostenuto le mie intenzioni di pagare i miei creditori.

Grazie alla nostra saggia determinazione, ho guadagnato durante la scorsa luna, comprando cammelli sani e con buone gambe, per Nebatur, la somma di diciannove pezzi d'argento.

Questo l'ho diviso secondo il piano. Un decimo l'ho messo da parte per tenerlo come mio, sette decimi li ho divisi con la mia buona moglie per pagare la nostra vita. Due decimi li ho divisi tra i miei creditori in modo equo come si può fare con il rame.

Non ho visto Ahmar, ma l'ho lasciato con sua moglie. Birejik era così felice che mi ha baciato la mano. Solo il vecchio Alkahad era scontroso e diceva che avrei dovuto pagare più velocemente. Al che ho risposto che se mi fosse stato permesso di essere ben nutrito e senza preoccupazioni, solo questo mi avrebbe permesso di pagare più velocemente. Tutti gli altri mi hanno ringraziato e hanno parlato bene dei miei sforzi.

Così, alla fine di una luna, il mio debito si è ridotto di quasi quattro pezzi d'argento e possiedo in più quasi due pezzi d'argento, ai quali nessun uomo ha diritto. Il mio cuore è più leggero di quanto non sia stato per molto tempo.

Di nuovo la luna splende piena. Ho lavorato duramente ma con poco successo. Ho potuto comprare pochi cammelli. Ho guadagnato solo undici pezzi d'argento. Tuttavia, io e la mia brava moglie ci siamo attenuti al piano, anche se non abbiamo comprato vestiti nuovi e abbiamo mangiato solo erbe.

Di nuovo, siamo stati pagati un decimo degli undici pezzi, mentre noi vivevamo con sette decimi. Mi ha sorpreso che Ahmar abbia lodato il mio pagamento, anche se era piccolo. Anche Birejik. Alkahad andò su tutte le furie, ma quando gli fu detto di restituire la sua parte se non la voleva, si riconciliò. Gli altri, come prima, erano contenti. Di nuovo la luna splende piena e io sono molto contento. Ho intercettato una buona mandria di cammelli e ne ho comprati molti sani, così che il mio profitto è stato di quarantadue pezzi d'argento. In questa luna io e mia moglie abbiamo comprato sandali e vestiti di cui abbiamo bisogno. Abbiamo anche cenato bene con carne e pollame.

Più di otto pezzi d'argento abbiamo pagato ai nostri creditori. Anche Alkahad non ha protestato.

Il piano è ottimo perché ci fa uscire dal debito e ci dà la ricchezza che è nostra.

Tre volte la luna era stata piena dall'ultima volta che avevo scolpito in questa argilla. Ogni volta mi sono pagato un decimo di tutto quello che ho guadagnato. Ogni volta io e la mia brava moglie abbiamo vissuto con sette decimi, anche se a volte era difficile. Ogni volta ho pagato i miei creditori due decimi.

Nel mio portafoglio ho ora ventuno pezzi d'argento che sono miei. Mi fa mettere la testa sulle spalle e mi rende orgoglioso di camminare tra i miei amici. Mia moglie tiene bene la nostra casa ed è ben vestita. Siamo felici di vivere insieme.

Il piano è inestimabile. Non ha fatto di un ex schiavo un uomo d'onore?"

Tavoletta numero 5

"Di nuovo la luna piena brilla e mi ricordo che molto tempo fa ho scolpito nell'argilla. Dodici lune, infatti, sono venute e se ne sono andate. Ma oggi non trascurerò il mio disco perché in questo giorno ho pagato l'ultimo dei miei debiti.

Questo è il giorno in cui la mia buona moglie e il mio io riconoscente celebrano con una grande festa che la nostra determinazione è stata raggiunta.

Durante la mia ultima visita ai miei creditori sono successe molte cose che ricorderò per molto tempo. Ahmar si è scusato per le sue parole poco gentili e ha detto che ero uno di quelli che voleva di più come amico.

Il vecchio Alkahad non è poi così male, perché ha detto: "Una volta eri un blocco di argilla morbida che poteva essere pressato e modellato da qualsiasi mano che ti toccava, ma ora sei un blocco di bronzo capace di tenere un bordo. Se hai bisogno di argento o di oro in qualsiasi momento vieni da me".

Né è l'unico che ha una grande stima di me. Molti altri mi parlano con deferenza.

La mia brava moglie mi guarda con una luce negli occhi che rende un uomo fiducioso.

Tuttavia, è il piano che ha fatto il mio successo. Mi ha permesso di pagare tutti i miei debiti e di inanellare oro e argento nel mio portafoglio. Lo consiglio a tutti coloro che desiderano andare avanti. Infatti, se permette a un ex-schiavo di pagare i suoi debiti e di avere dell'oro nella sua borsa, non aiuterà forse qualsiasi uomo a trovare l'indipendenza? E io stesso non ho finito, perché sono convinto che se lo seguirò mi renderà ricco tra gli uomini."

Swithin's College
Università di Nottingham
Newark-on-Trent
Nottingham
Professor Franklin Caldwell,
Cura della Spedizione Scientifica Britannica,
Hillah, Mesopotamia.

7 novembre 1936.

Mio caro professore,

Se, scavando più a fondo in quelle rovine babilonesi, ti imbatti nel fantasma di un ex residente, un vecchio commerciante di cammelli chiamato Dabasir, fammi un favore. Digli che i suoi scarabocchi su quelle tavolette d'argilla, tanto tempo fa, gli hanno fatto guadagnare la gratitudine a vita di un paio di studenti universitari qui in Inghilterra.

Forse ricorderai che un anno fa scrissi che la signora Shrewsbury ed io avevamo intenzione di provare il suo piano per uscire dai debiti e allo stesso tempo avere dell'oro con cui tintinnare. Avrai intuito, anche se abbiamo cercato di nasconderlo ai nostri amici, la nostra situazione disperata.

Siamo stati terribilmente umiliati per anni da un sacco di vecchi debiti e ci siamo preoccupati molto per la paura che uno dei negozianti iniziasse uno scandalo che mi avrebbe costretto a lasciare la scuola. Abbiamo pagato e pagato - ogni scellino che potevamo ricavare - ma era appena sufficiente per mantenere la situazione. Inoltre, siamo stati costretti a fare tutti i nostri acquisti dove potevamo ottenere più credito, nonostante i costi elevati.

È diventato uno di quei circoli viziosi che peggiorano invece di migliorare. Le nostre lotte sono diventate sempre più disperate. Non potevamo spostarci in stanze meno costose perché eravamo in debito con il padrone di casa.

Sembra che non ci sia nulla che possiamo fare per migliorare la nostra situazione.

Così, ecco che arriva il suo conoscente, il vecchio commerciante di cammelli di Babilonia, con un piano per fare proprio quello che volevamo ottenere. Ci ha incoraggiato a seguire il suo sistema. Abbiamo fatto una lista di tutti i nostri debiti e l'ho presa e mostrata a tutti i nostri debitori.

Ho spiegato loro che era semplicemente impossibile per me pagarli allo stato attuale delle cose. L'hanno potuto constatare da soli dalle cifre. Ho poi spiegato loro che l'unico modo che vedevo per pagarli completamente era quello di mettere da parte il venti per cento del mio reddito ogni mese da dividere pro rata, il che avrebbe permesso loro di pagarli completamente in poco più di due anni. Che, nel frattempo, saremmo andati in contanti e avremmo dato loro il beneficio aggiuntivo dei nostri acquisti in contanti.

Sono stati davvero molto comprensivi. Il nostro fruttivendolo, un vecchio saggio, l'ha messa in un modo che ha aiutato gli altri ad accettare. "Se paghi tutto quello che compri e poi ripaghi una parte di quello che devi, è meglio di quello che hai fatto, perché non hai pagato nessun conto per tre anni". Alla fine ho fatto firmare a tutti loro un accordo secondo il quale non ci avrebbero disturbato finché il venti per cento delle entrate fosse stato pagato regolarmente.

Poi abbiamo iniziato a pensare a come vivere con il settanta per cento. Eravamo determinati a tenere quel dieci per cento in più per sentirlo tintinnare. L'idea dell'argento e forse dell'oro era molto seducente.

È stata un'avventura fare il cambiamento. Ci siamo divertiti a calcolare di qua e di là, per vivere comodamente con il restante settanta per cento. Abbiamo iniziato con l'affitto e abbiamo ottenuto un buono sconto. Poi, abbiamo messo le nostre marche preferite di tè e simili in pausa e siamo rimasti piacevolmente sorpresi di quanto spesso abbiamo potuto acquistare una qualità superiore a un costo inferiore.

È una storia troppo lunga per una lettera, ma in ogni caso non è stato difficile. Ci siamo riusciti, e molto allegramente. È stato un sollievo avere i nostri affari in una forma tale da non essere più perseguitati dalle bollette scadute.

Tuttavia, non posso non parlarti di quel dieci per cento in più che avremmo dovuto sentire suonare. Beh, l'abbiamo suonato per qualche tempo. Non ridere troppo presto. Vedi, questa è la parte sportiva. Questa è la vera parte divertente, iniziare ad accumulare denaro che non si vuole spendere.

C'è più piacere nell'accumulare un'eccedenza che nello spenderla.

Avendo giocato a nostro piacimento, abbiamo trovato un uso più redditizio. Abbiamo fatto un investimento su cui possiamo farci pagare quel dieci per cento ogni mese. Questa si sta rivelando la parte più soddisfacente della nostra rigenerazione. È la prima cosa che paghiamo con il mio assegno.

È un senso di sicurezza molto gratificante sapere che il nostro investimento sta crescendo costantemente. Quando il mio tempo come insegnante sarà finito, dovrebbe essere una somma stretta abbastanza grande da prendersi cura di noi da allora in poi.

Tutto questo dal mio stesso vecchio stipendio. Difficile da credere, ma assolutamente vero. Tutti i nostri debiti vengono gradualmente pagati e allo stesso tempo i nostri investimenti aumentano. E stiamo facendo ancora meglio di prima dal punto di vista finanziario. Chi avrebbe mai pensato che ci potesse essere una tale differenza di risultati tra seguire un piano finanziario e andare alla deriva.

Alla fine del prossimo anno, quando avremo pagato tutte le bollette precedenti, avremo più soldi per pagare il nostro investimento, più un po' di più per i viaggi.

Siamo determinati a non permettere mai più che le nostre spese superino il settanta per cento delle nostre entrate. Ora puoi capire perché vorremmo estendere i nostri personali ringraziamenti a quel vecchio il cui piano ci ha salvato dal nostro "inferno in terra".

Lui lo sapeva. Ne aveva passate di tutti i colori. Voleva che gli altri beneficiassero delle sue amare esperienze. Ecco perché ha passato ore tediose a scolpire il suo messaggio nell'argilla. Aveva un vero messaggio per i compagni di sofferenza, un messaggio così importante che, dopo cinquemila anni, è risorto dalle rovine di Babilonia, vero e vitale come il giorno in cui fu sepolto.

Cordiali saluti,

Alfred H. Shrewsbury,

Dipartimento di Archeologia.

L'uomo più fortunato di Babilonia

Alla testa della sua carovana, Sharru Nada, il principe mercante di Babilonia, cavalcava con orgoglio. Gli piacevano i tessuti pregiati e indossava abiti ricchi ed eleganti. Gli piacevano gli animali belli e si sedeva volentieri sul suo vivace stallone arabo. A guardarlo, difficilmente si sarebbe indovinata la sua età avanzata. Certamente non avrebbero sospettato che avesse problemi interni.

Il viaggio da Damasco è lungo e le difficoltà del deserto sono molte. Questo non gli dava fastidio.

Le tribù arabe sono feroci e desiderose di saccheggiare le ricche carovane. Non aveva paura di loro, perché le sue numerose guardie montate sulla flotta erano una protezione sicura.

Il giovane accanto a lui, che aveva portato da Damasco, lo turbava. Si trattava di Hadan Gula, il nipote del suo compagno degli anni passati, Arad Gula, al quale sentiva di avere un debito di gratitudine che non avrebbe mai potuto ripagare. Avrebbe voluto fare qualcosa per questo nipote, ma più ci pensava, più gli sembrava difficile a causa del giovane stesso.

Guardando gli anelli e gli orecchini del giovane, pensò tra sé: "Pensa che i gioielli siano per gli uomini, eppure ha il viso forte di suo nonno. Ma suo nonno non indossava abiti così appariscenti. Tuttavia, gli ho chiesto di venire, nella speranza di poterlo aiutare a stare in piedi da solo e allontanarsi dalla rovina che suo padre ha fatto della sua eredità."

Hadan Gula irruppe nei suoi pensieri: "Perché lavori così tanto, accompagnando sempre la tua carovana nei suoi lunghi viaggi? Non ti prendi mai del tempo per goderti la vita?"

Sharru Nada sorrise, "Godersi la vita?" ripeté. "Cosa faresti per goderti la vita se fossi Sharru Nada?"

"Se avessi una ricchezza pari alla tua, vivrei come un principe. Non attraverserei mai il caldo deserto. Spenderei i sicli velocemente quanto entrano nella mia borsa. Indosserei le vesti più ricche e i gioielli più rari. Sarebbe una vita di mio gradimento, una vita degna di essere vissuta". Entrambi gli uomini risero.

"Tuo nonno non portava gioielli". Sharru Nada parlò prima di pensare, e poi continuò scherzando: "Non lasceresti tempo per il lavoro?"

"Il lavoro è stato fatto per gli schiavi", rispose Hadan Gula.

Sharra Nada si morse il labbro ma non rispose, cavalcando in silenzio fino a quando il sentiero li condusse su per la collina.

A questo punto fece rientrare il suo cavallo e, indicando la valle verde in lontananza, disse: "Guarda, ecco la valle. Guarda in basso e puoi vedere appena le mura di Babilonia. La torre è il Tempio di Bel. Se i tuoi occhi sono acuti puoi anche vedere il fumo del fuoco eterno sopra di esso".

"Quindi questa è Babilonia? Ho sempre desiderato vedere la città più ricca del mondo", commentò Hadan Gula. "Babilonia, dove mio nonno ha iniziato la sua fortuna. Vorrei che fosse ancora vivo. Non saremmo così sotto pressione."

"Perché desiderare che il tuo spirito rimanga sulla terra oltre il tempo che gli è stato assegnato? Tu e tuo padre potete continuare il suo buon lavoro".

"Purtroppo nessuno di noi ha il suo dono. Io e mio padre non conosciamo il suo segreto per attirare i sicli d'oro."

Sharru Nada non rispose, ma liberò la sua cavalcatura e cavalcò pensieroso lungo il sentiero verso la valle. Dietro di loro seguiva la carovana in una nuvola di polvere rossastra. Qualche tempo dopo raggiunsero la strada dei Re e girarono verso sud attraverso le fattorie irrigate.

Tre vecchi che aravano un campo attirarono l'attenzione di Sharru Nada. Sembravano stranamente familiari.

Che cosa ridicola! Non si attraversa un campo dopo quarant'anni e si trovano gli stessi uomini ad ararlo. Eppure qualcosa dentro di lui gli diceva che erano gli stessi. Uno, con una presa incerta, teneva l'aratro. Gli altri si muovevano faticosamente accanto ai buoi, battendoli inefficacemente con i loro bastoni per farli tirare.

"Quarant'anni fa avevo invidiato quegli uomini - quanto volentieri avrei cambiato posto! Ma che differenza fa ora." Pensò. Guardò con orgoglio la sua carovana, con cammelli e asini ben scelti, carichi di merci preziose provenienti da Damasco. Tutto questo non era che una parte dei suoi beni.

Indicò gli aratori, dicendo: "Stanno ancora arando lo stesso campo dove erano quarant'anni fa".

"Si assomigliano, ma perché pensi che siano uguali?".

"Li ho visti lì", rispose Sharru Nada. I ricordi si affollano rapidamente nella sua mente.

Perché non poteva seppellire il passato e vivere nel presente? Poi vide, come in un quadro, il volto sorridente di Arad Gula. La barriera tra lui e il giovane cinico accanto a lui si dissolse.

Ma come poteva aiutare un giovane con le idee così dissolute e le sue mani ingioiellate?

Poteva offrire lavoro in abbondanza a lavoratori volenterosi, ma nessuno a uomini che erano considerati troppo bravi per il lavoro. Tuttavia, doveva ad Arad Gula di fare qualcosa, non un tentativo a metà. Lui e Arad Gula non avevano mai fatto le cose in quel modo. Non erano quel tipo di uomini.

Un piano gli arrivò quasi in un istante. C'erano obiezioni. Avrebbe dovuto considerare la sua famiglia e la sua posizione. Sarebbe stato crudele; gli avrebbe fatto male. Essendo un uomo dalle decisioni rapide, rinunciò alle obiezioni e decise di agire.

"Ti interesserebbe sapere come il tuo degno nonno ed io ci siamo uniti nella società che si è rivelata così fruttuosa?" chiese.

"Perché non mi dici come hai guadagnato i sicli d'oro? Questo è tutto quello che ho bisogno di sapere", rispose il giovane.

Sharru Nada ignorò la risposta e continuò: "Abbiamo iniziato con gli uomini che aravano. Non ero più vecchio di te. Mentre la colonna di uomini in cui marciavo si avvicinava, il buon vecchio Megiddo, il contadino, sogghignava per il modo sciatto in cui aravano. Megiddo era incatenato accanto a me. "Guardate quei fannulloni", protestò, "chi ara non ara in profondità, né i battitori tengono i buoi nel solco. Come possono aspettarsi di ottenere un buon raccolto con un aratro povero?

"Hai detto che Megiddo era incatenato a te?" chiese Hadan Gula con sorpresa.

"Sì, con collari di ottone al collo e una catena pesante tra di noi. Accanto a lui c'era Zabado, il ladro di pecore. L'avevo incontrato a Harroun. Alla fine c'era un uomo che chiamavamo Pirata perché non voleva dirci il suo nome. L'abbiamo giudicato un marinaio perché aveva dei serpenti intrecciati tatuati sul petto alla maniera dei marinai. La colonna era formata in questo modo in modo che gli uomini potessero camminare a quattro".

"Eri incatenato come uno schiavo?" chiese Hadan Gula incredulo.

"Tuo nonno non ti ha detto che una volta ero uno schiavo?"

"Parlava spesso di te, ma non ha mai accennato a questo".

"Era un uomo di cui ci si poteva fidare per i propri segreti più intimi. Anche tu sei un uomo di cui mi posso fidare, vero?" Sharru Nada lo guardò dritto negli occhi.

"Puoi fidarti del mio silenzio, ma sono sorpreso. Dimmi come sei diventato uno schiavo."

Sharru Nada scrollò le spalle: "Qualsiasi uomo può essere uno schiavo. Furono una casa da gioco e la birra d'orzo a portarmi al disastro. Sono caduto vittima delle indiscrezioni di mio fratello. In una rissa ha ucciso il suo amico. Mi sono unito alla vedova a causa della mia prodigalità, disperato, per evitare che mio fratello fosse perseguito dalla legge. Quando mio padre non poté raccogliere il denaro per liberarmi, mi vendette con rabbia al mercante di schiavi."

"Che vergogna e ingiustizia!" protestò Hadan Gula. "Ma dimmi, come hai riconquistato la tua libertà?"

"Ci arriveremo, ma non ancora. Continuiamo con la mia storia. Mentre passavamo, gli aratori ci prendevano in giro. Uno di loro si tolse il cappello malandato e si inchinò dicendo: "Benvenuti a Babilonia, ospiti del re. Vi aspetta sulle mura della città, dove viene offerto il banchetto, mattoni di fango e zuppa di cipolle." E con questo sono scoppiati a ridere.

Il pirata andò su tutte le furie e li maledisse con forza.

"Cosa vogliono dire questi uomini dicendo che il re ci aspetta sui bastioni?" Gli chiesi.

"Alle mura della città si marcia per trasportare mattoni fino a spezzarsi la schiena. Si può essere picchiati a morte prima che si rompa. Non mi batteranno. Li ucciderò."

Poi Megiddo interviene: "Non ha senso per me parlare di padroni che picchiano a morte schiavi e lavoratori consenzienti. Ai padroni piacciono i buoni schiavi e li trattano bene."

"Chi vuole lavorare duro?" commentò Zabado. "Quegli aratori sono dei tipi saggi. Non si rompono la schiena. Lasciano solo guardare come fanno".

"Non si può andare avanti schivando il dovere", protestò Megiddo. "Se si ara un ettaro, è una buona giornata di lavoro e qualsiasi maestro lo sa. Ma quando si ara solo per metà, questo è evasione. Non mi sottraggo. Mi piace lavorare e mi piace fare un buon lavoro, perché il lavoro è il migliore amico che abbia mai conosciuto. Mi ha portato tutte le cose buone che ho avuto, la mia fattoria e le mucche e i raccolti, tutto."

"Sì, e dove sono queste cose adesso?", lo schernì Zabado. "Immagino che sia meglio essere intelligenti e cavarsela senza lavorare. Guarda Zabado, se ci vendono ai bastioni, lui porterà la borsa dell'acqua o qualche lavoro facile mentre tu, che ami lavorare, ti romperai la schiena portando mattoni." Fece la sua stupida risata.

Il terrore mi attanagliò quella notte. Non riuscivo a dormire. Mi sono rannicchiato vicino alla corda di guardia, e quando gli altri si sono addormentati, ho attirato l'attenzione di Godoso, che era di prima guardia. Era uno di quei banditi arabi, il tipo di canaglia che, se ti ruba il portafoglio, pensa di doverti tagliare anche la gola.

"Dimmi, Godoso", sussurrai, "quando arriveremo a Babilonia, ci venderanno alle mura?"

"Perché lo vuoi sapere?" chiese con cautela.

"Non riesci a capire?" Supplicai. "Sono giovane. Voglio vivere. Non voglio essere costretto a lavorare o picchiato a morte sui muri. C'è qualche possibilità di avere un buon maestro?"

Mi ha sussurrato: "Ti dirò qualcosa'. Tu, buon amico, non dare problemi a Godoso. Il più delle volte andiamo prima al mercato degli schiavi. Ascolta ora. Quando arrivano i compratori, di' loro che sei un buon lavoratore, che ti piace lavorare duro per un buon padrone. Fai in modo che vogliano comprare. Se non li fai comprare, il giorno dopo porti dei mattoni. Lavoro molto duro."

Dopo che se n'è andato, mi sono sdraiato sulla sabbia calda, guardando le stelle e pensando al lavoro.

Quello che Megiddo aveva detto sul fatto che ero il suo migliore amico mi ha fatto chiedere se lui sarebbe stato il mio migliore amico.

Lo sarebbe certamente stato se mi avesse aiutato ad uscirne.

Quando Megiddo si svegliò, gli sussurrai la mia buona notizia. Era il nostro unico raggio di speranza mentre marciavamo verso Babilonia. Nel tardo pomeriggio ci siamo avvicinati alle mura e abbiamo potuto vedere le file di uomini, come formiche nere, muoversi su e giù per i ripidi sentieri diagonali. Mentre ci avvicinavamo, eravamo stupiti dalle migliaia di uomini al lavoro, alcuni scavando nel fossato, altri mescolando la terra per fare mattoni di fango. Il maggior numero di loro portava i mattoni in grandi ceste su per quei sentieri ripidi fino ai muratori.

"I sorveglianti maledicevano i ritardatari e frustavano la schiena di coloro che non si mantenevano in linea con fruste da buoi. I poveri compagni esausti sono stati visti barcollare e cadere sotto le loro pesanti ceste, incapaci di rialzarsi. Se le frustate non riuscivano a portarli in piedi, venivano spinti ai lati delle strade e lasciati a contorcersi dal dolore. Presto furono trascinati per unirsi ad altri corpi codardi sul ciglio della strada in attesa di tombe non consacrate. Quando vidi quella scena spettrale, rabbrividii. Ecco cosa aspettava il figlio di mio padre se avesse fallito nel mercato degli schiavi.

Questa forza lavoro comprendeva anche molti cittadini di Babilonia e delle sue province che erano stati venduti come schiavi a causa di crimini o problemi finanziari. Era un'usanza comune per gli uomini di impegnare se stessi, le loro mogli o i loro figli come fideiussioni per garantire il pagamento di prestiti, sentenze legali o altri obblighi. In caso di inadempienza, i pignorati venivano venduti come schiavi.

Godoso aveva avuto ragione. Siamo stati portati attraverso le porte della città alla prigione degli schiavi e la mattina dopo siamo stati portati ai recinti del mercato. Qui il resto degli uomini si rannicchiò nella paura e solo le fruste della nostra guardia riuscirono a farli muovere in modo che i compratori potessero esaminarli. Megiddo ed parlammo parlato con entusiasmo a tutti gli uomini che ci permisero di rivolgerci a loro.

Il mercante di schiavi portò dei soldati della Guardia del Re che incatenarono il Pirata e lo picchiarono brutalmente quando protestò. Mentre lo portavano via, mi dispiaceva per lui.

Megiddo intuì che presto ci saremmo separati. Quando non c'erano acquirenti in giro, mi parlò seriamente per farmi capire quanto il lavoro sarebbe stato prezioso per me in futuro: "Alcuni uomini lo odiano. Ti fanno diventare il loro nemico. È meglio trattarlo come un amico, renderlo come te. Non preoccuparti che sia difficile. Se pensi alla buona casa che costruisci, cosa importa se le travi sono pesanti e il pozzo è lontano per portare l'acqua per l'intonaco. Promettimi, ragazzo mio, che se avrai un padrone, lavorerai per lui il più duramente possibile. Se lui non apprezza tutto quello che fai, non ha importanza. Ricorda che il lavoro, ben fatto, rende buono l'uomo che lo fa. Lo rende un uomo migliore." Si fermò quando un corpulento contadino si avvicinò al complesso e ci guardò criticamente.

Megiddo si informò sulla sua fattoria e le sue coltivazioni, e fu presto convinto che sarebbe stato un uomo di valore. Dopo alcune violente contrattazioni con il mercante di schiavi, il contadino tirò fuori una grossa borsa da sotto la tunica, e presto Megiddo seguì il suo nuovo padrone fuori dalla mia vista.

Alcuni altri uomini furono venduti durante la mattinata. A mezzogiorno Godoso mi confidò che il mercante era scontento e non sarebbe rimasto un'altra notte, ma avrebbe portato tutti quelli che erano rimasti la sera al compratore del re. Mi stavo disperando quando un uomo grasso e bonario si avvicinò al muro e chiese se c'erano dei panettieri tra noi.

Mi avvicinai a lui dicendo: "Perché un buon fornaio come te dovrebbe cercare un altro fornaio di maniere inferiori? Non sarebbe più facile insegnare a un uomo volenteroso come me i tuoi modi abili? Guardami, sono giovane, forte e mi piace lavorare. Dammi una possibilità e farò del mio meglio per guadagnare oro e argento per la tua borsa".

Rimase impressionato dalla mia disposizione e cominciò a contrattare con il mercante, che non mi aveva mai notato da quando mi aveva comprato, ma ora stava parlando in modo eloquente delle mie capacità, della mia buona salute e della mia disponibilità. Mi sentivo come un bue grasso che viene venduto al macellaio. Alla fine, con mia gioia, l'affare è stato chiuso. Ho seguito il mio nuovo padrone, pensando di essere l'uomo più fortunato di Babilonia.

La mia nuova casa era di mio gradimento. Nana-naid, il mio maestro, mi ha insegnato come macinare l'orzo nella ciotola di pietra nel cortile, come accendere il fuoco nel forno e come macinare molto finemente la farina di sesamo per i dolci al miele. Aveva una sedia nel capannone dove veniva conservato il grano. La vecchia casalinga schiava, Swasti, mi nutriva bene ed era felice di vedere come l'aiutavo nei lavori pesanti.

Ecco l'opportunità che avevo tanto desiderato per rendermi utile al mio padrone e, speravo, trovare un modo per conquistare la mia libertà.

Chiesi a Nana-naid di insegnarmi a impastare il pane e a cuocere. Lo fece, molto soddisfatto della mia disponibilità. Più tardi, quando riuscii a farlo bene, gli chiesi di insegnarmi a fare le torte al miele, e presto mi occupai io di tutte le preparazioni. Il mio padrone era contento di essere inattivo, ma Swasti scosse la testa in segno di disapprovazione: "Non avere un lavoro da fare è un male per ogni uomo", dichiarò.

Sentivo che era arrivato il momento di pensare a un modo per iniziare a guadagnare monete per comprare la mia libertà. Dato che la cucina chiudeva a mezzogiorno, pensai che Nana-naid avrebbe approvato che io trovassi un lavoro redditizio per le serate e che avrebbe potuto dividere con me i miei guadagni.

Poi mi venne in mente: perché non cucinare più torte al miele e venderle agli uomini affamati per le strade della città?

Presentai il mio piano a Nana-naid come segue: "Se posso usare le mie serate dopo aver finito di cucinare per guadagnare monete per te, sarebbe giusto che tu dividessi i miei guadagni con me in modo che io possa avere soldi miei da spendere in quelle cose che ogni uomo vuole e ha bisogno?"

"Abbastanza giusto, abbastanza giusto", ammise. Quando gli ho parlato del mio piano di vendere le nostre torte al miele, era felicissimo. "Ecco cosa faremo", suggerì lui. "Li vendi a due per una moneta di rame, e metà delle monete saranno mie per pagare la farina e il miele e la legna per cuocerli. Del resto, io ne terrò la metà e tu l'altra metà."

Fui molto contento della sua generosa offerta di farmi tenere un quarto delle mie vendite.

Quella sera ho lavorato fino a tardi per fare un vassoio su cui esporle. Nana- naid mi ha dato una delle sue tuniche logore per renderla più bella, e Swasti mi ha aiutato a rammendarla e lavarla.

Il giorno dopo ho fatto un'infornata extra di torte al miele. Sembravano marroni e invitanti sul vassoio mentre camminavo per la strada, gridando la mia merce. All'inizio nessuno sembrava interessato e io ero scoraggiato.

Sono andato avanti e nel tardo pomeriggio, quando gli uomini hanno avuto fame, le torte hanno cominciato a vendere e presto il mio vassoio era vuoto.

Nana-naid si rallegrò del mio successo e mi pagò volentieri la mia parte. Ero felice di possedere delle monete di rame. Megiddo aveva ragione quando diceva che un padrone apprezzava il buon lavoro dei suoi schiavi.

Quella notte ero così eccitato per il mio successo che quasi non riuscivo a dormire e cercavo di calcolare quanto avrei potuto guadagnare in un anno e quanti anni ci sarebbero voluti per comprare la mia libertà.

Uscendo ogni giorno con il mio vassoio di torte, ho presto trovato dei clienti regolari. Uno di loro non era altro che tuo nonno, Arad Gula. Era un mercante di tappeti e vendeva alle casalinghe, andando da un capo all'altro della città, accompagnato da un asino carico di tappeti e da uno schiavo che lo assisteva. Comprava due torte per sé e due per il suo schiavo, e mi parlava sempre mentre le mangiavano.

Tuo nonno un giorno mi disse una cosa che ricorderò sempre. "Mi piacciono le tue torte, ragazzo mio, ma mi piace ancora di più il buon spirito con cui le offri. Questo spirito può portarti lontano sulla strada del successo."

Ma come puoi capire, Hadan Gula, cosa possono significare tali parole di incoraggiamento per un ragazzo schiavo, solo in una grande città, che lotta con tutto ciò che ha dentro per trovare una via d'uscita dalla sua umiliazione?

Con il passare dei mesi ho continuato ad aggiungere monete al mio borsellino. Ha cominciato ad avere un peso confortante sulla mia cintura. Il lavoro si stava rivelando il mio migliore amico, proprio come aveva detto Megiddo. Io ero felice, ma Swasti era preoccupata.

"Il tuo padrone, temo che passi troppo tempo nelle case da gioco", protestò lei.

Un giorno fui molto felice di incontrare il mio amico Megiddo per strada. Stava portando tre asini carichi di verdure al mercato. "Sto molto bene", disse. "Il mio padrone apprezza il mio buon lavoro perché ora sono un caposquadra. Guarda, mi affida il commercio e manda anche la mia famiglia. Il lavoro mi sta aiutando a recuperare il mio grande problema. Un giorno mi aiuterà a comprare la mia libertà e ad avere di nuovo una fattoria tutta mia."

Il tempo passava e Nana-naid diventava sempre più ansioso che io tornassi dalla vendita. Aspettava il mio ritorno e contava e distribuiva avidamente i nostri soldi. Mi ha anche esortato a cercare più mercati e ad aumentare le mie vendite.

Andavo spesso alle porte della città per sollecitare i capisquadra degli schiavi che costruivano le mura della città. Odiavo tornare a quelle viste sgradevoli, ma ho trovato nei capisquadra degli acquirenti entusiasti. Un giorno fui sorpreso di vedere Zabado che aspettava in fila per riempire il suo cesto di mattoni. Era emaciato e ingobbito, e la sua schiena era coperta di lividi e piaghe per le frustate dei capisquadra. Ho avuto pietà di lui e gli ho dato una torta, che si è infilato in bocca come un animale affamato. Vedendo lo sguardo avido nei suoi occhi, sono scappato prima che potesse prendere il mio vassoio.

"Perché lavori così tanto?" mi disse un giorno Arad Gula. Quasi la stessa domanda che mi hai fatto oggi, ricordi? Gli ho detto quello che Megiddo aveva detto sul lavoro e come si stava rivelando il mio migliore amico. Gli ho mostrato con orgoglio il mio portafoglio di monete e gli ho spiegato come le stavo risparmiando per comprare la mia libertà.

"Quando sarai libero, cosa farai?", chiese.

"Allora", risposi, "intendo diventare un mercante".

In questo, si è confidato con me. Qualcosa che non avevo mai sospettato. "Tu non sai che anch'io sono uno schiavo. Sono in società con il mio padrone."

"Basta", chiese Hadan Gula. Non ascolterò le menzogne che diffamano mio nonno. Non era uno schiavo. I suoi occhi bruciavano di rabbia.

Sharru Nada rimase calmo. "Lo onoro per aver superato la sua sfortuna ed essere diventato un importante cittadino di Damasco. Sei tu, suo nipote, dello stesso stampo? Sei abbastanza uomo da affrontare i fatti reali o preferisci vivere sotto false illusioni?"

Hadan Gula si raddrizzò nella sua sella. Con una voce soffocata da una profonda emozione, rispose: "Mio nonno era amato da tutti. Le sue buone azioni erano innumerevoli. Quando venne la carestia, non comprò forse del grano in Egitto con il suo oro e la sua carovana non lo portò a Damasco e lo distribuì al popolo perché nessuno morisse di fame? Ora tu dici che non era altro che uno schiavo disprezzato a Babilonia."

"Se fosse rimasto schiavo a Babilonia, avrebbe potuto essere disprezzato, ma quando, grazie ai suoi sforzi, divenne un grande uomo a Damasco, gli dei, in effetti, condonarono le sue sventure e lo onorarono con il loro rispetto", rispose Sharru Nada.

"Dopo avermi detto che era uno schiavo", continua Sharru Nada, "mi ha spiegato quanto fosse stato ansioso di ottenere la libertà. Ora che aveva abbastanza soldi per comprarla, era molto preoccupato su cosa fare. Non faceva più buone vendite e aveva paura di lasciare l'appoggio del suo padrone.

Protestai contro la sua indecisione: "Non aggrapparti più al tuo padrone. Diventa di nuovo un uomo libero. Comportati come un uomo libero e avrai successo come un uomo libero. Decidi cosa vuoi ottenere e poi il lavoro ti aiuterà a raggiungerlo". Lui continuò per la sua strada dicendo che era contento che lo avessi rimproverato per la sua codardia.

Un giorno uscii di nuovo dai cancelli e fui sorpreso di trovare una grande folla riunita lì. Quando chiesi spiegazioni a un uomo, mi ha risposto: "Non hai sentito? Uno schiavo fuggito che ha ucciso una delle guardie del re è stato assicurato alla giustizia e oggi sarà fustigato a morte per il suo crimine. Anche il re stesso sarà qui.

La folla intorno al palo della flagellazione era così fitta che avevo paura di avvicinarmi per non rovinare il mio vassoio di dolci al miele. Così mi sono arrampicato sul muro incompiuto per guardare sopra le teste delle persone. Ho avuto la fortuna di intravedere lo stesso Nabucodonosor mentre passava sul suo carro d'oro. Non avevo mai visto così tanta grandezza, così tante vesti e drappeggi di stoffa dorata e velluto.

Non ho potuto vedere la fustigazione anche se ho potuto sentire le grida del povero schiavo. Mi chiedevo come una persona così nobile come il nostro bel re potesse sopportare di vedere una tale sofferenza, ma quando lo vidi ridere e scherzare con i suoi nobili, capii che era crudele e compresi perché venivano richiesti compiti così disumani agli schiavi che costruivano le mura.

Una volta che lo schiavo morì, il suo corpo venne appeso ad un palo con una corda legata alla gamba in modo che tutti potessero vederlo. Quando la folla cominciò a diradarsi, mi avvicinai. Sul petto peloso, ho visto tatuati due serpenti intrecciati. Era Pirata.

La volta successiva che ho incontrato Arad Gula, era un uomo cambiato. Pieno di entusiasmo mi salutò: "Ecco, lo schiavo che conoscevi è ora un uomo libero." C'era magia nelle sue parole. Le mie vendite e i miei profitti stanno già aumentando. Mia moglie è contenta. È una donna libera, la nipote del mio padrone. Desidera che ci trasferiamo in una città sconosciuta dove nessuno sa che ero uno schiavo. Allora i nostri figli saranno al di sopra di ogni rimprovero per la vergogna del loro padre. Il lavoro è diventato il mio migliore aiuto. Mi ha permesso di ritrovare la mia fiducia e la mia capacità di vendere."

"Ero molto felice di essere stato in grado, anche se in piccola parte, di restituirgli l'incoraggiamento che mi aveva dato.

Una notte, Swasti venne da me in gran pena: "Il tuo padrone è nei guai. Ho paura per lui. Qualche mese fa ha perso molto ai tavoli da gioco. Non paga il contadino per il suo grano o il suo miele. Non paga l'usuraio. Si arrabbiano e lo minacciano."

"Perché dovrebbe importarci della sua follia? Non siamo i suoi guardiani", risposi senza riflettere.

"Tu, giovane sciocco, non capisci. Hai dato all'usuraio il tuo titolo per garantire un prestito. Secondo la legge, può reclamarti e venderti. Non so cosa fare. È un buon maestro, perché? Oh, perché, deve arrivare un tale guaio su di lui?"

I timori di Swasti non erano infondati. Mentre stavo cucinando la mattina dopo, l'usuraio tornò con un uomo che chiamò Sasi. Quest'uomo mi guardò e disse che sarei andato bene.

L'usuraio non aspettò il ritorno del mio padrone, ma disse a Swasti di dirgli che mi aveva preso. Con solo la mia tunica sulla schiena e il mio borsellino da una moneta di rame appeso al sicuro alla cintura, fui portato via in fretta dal forno incompiuto.

Sono stato allontanato dalle mie speranze più care come un uragano strappa l'albero dalla foresta e lo scaglia nel mare infuriato. Ancora una volta una casa da gioco e una birra d'orzo mi avevano portato il disastro.

Sasi era un uomo schietto e brusco. Mentre mi guidava per la città, gli parlai del buon lavoro che avevo fatto per Nana-naid e dissi che speravo di fare un buon lavoro per lui. La sua risposta non è stata incoraggiante: "Non mi piace questo lavoro. Al mio padrone non piace. Il re gli ha detto di mandarmi a costruire un tratto del Gran Canale. Il padrone dice a Sasi di comprare altri schiavi, lavorare sodo e finire in fretta. Bah, come può un uomo finire un lavoro così grande velocemente?"

Immagina un deserto senza un solo albero, solo bassi cespugli e un sole che brucia con una tale furia che l'acqua nelle nostre botti diventa così calda che possiamo a malapena berla. Poi immagina file di uomini che scendono nello scavo profondo e trascinano pesanti cesti di terra lungo sentieri lisci e polverosi dal giorno al tramonto. Immagina il cibo servito in trogoli aperti da cui ci servivamo come maiali. Non avevamo tende e paglia per i letti. Questa era la situazione in cui mi trovavo. Ho sepolto il mio portafoglio in un punto segnato, chiedendomi se l'avrei mai dissotterrato di nuovo.

All'inizio lavorai con buona volontà, ma man mano che i mesi si trascinavano, sentivo il mio spirito spezzarsi. Poi la febbre del caldo si è impossessata del mio corpo stanco. Ho perso l'appetito e ho potuto a malapena mangiare l'agnello e le verdure. Di notte mi giravo e rigiravo in una veglia infelice.

Nella mia miseria, mi sono chiesto se Zabado non avesse scelto il piano migliore, per aggirare ed evitare di avere la schiena rotta sul lavoro. Poi ho ricordato l'ultima volta che l'ho visto e ho capito che il suo piano non era buono.

Pensai al Pirata con la sua amarezza e mi chiesi se non fosse meglio combattere e uccidere. Il ricordo del suo corpo sanguinante mi ha ricordato che anche il suo piano era inutile.

Poi mi sono ricordato dell'ultima volta che ho visto Megiddo. Le sue mani erano profondamente callose per il duro lavoro, ma il suo cuore era leggero e c'era felicità sul suo volto. Il suo era il piano migliore.

Perché il mio lavoro non mi ha portato felicità e successo? Era il lavoro che portava felicità a Megiddo, o la felicità e il successo erano semplicemente nel grembo degli dei? Dovevo lavorare il resto della mia vita senza raggiungere i miei desideri, senza felicità e successo? Tutte queste domande si affastellavano nella mia mente e non avevo risposte. In effetti, ero molto confuso. Diversi giorni dopo, quando sembravo essere alla fine della mia resistenza e le mie domande ancora senza risposta, Sasi mi mandò a chiamare. Un messaggero era arrivato dal mio padrone per riportarmi a Babilonia.

Tirai fuori il mio prezioso portafoglio, mi avvolsi nei brandelli della mia tunica e partii.

Mentre viaggiavamo, gli stessi pensieri di un uragano che vorticava avanti e indietro continuavano a scorrere nel mio cervello febbricitante. Mi sembrava di vivere le strane parole di una canzone della mia città natale, Harroun:

"Tormentando l'uomo come un turbine,

Guidandolo come una tempesta,

Il cui corso nessuno può tracciare,

il cui destino nessuno può prevedere."

Ero destinato a essere punito così per sempre per chissà cosa? Quali nuove miserie e delusioni mi aspettavano?

Quando abbiamo raggiunto il cortile della casa del mio padrone, immaginate la mia sorpresa quando ho visto Arad Gula che mi aspettava. Mi ha aiutato a scendere e mi ha abbracciato come un fratello perduto.

Quando partimmo, volevo seguirlo come uno schiavo dovrebbe seguire il suo padrone, ma lui non me l'ha permesso. Mi ha messo un braccio intorno, dicendo: "Ti ho cercato dappertutto. Quando avevo quasi perso la speranza, ho incontrato Swasti, che mi ha parlato dell'usuraio, che mi ha indirizzato al tuo nobile proprietario. Mi ha fatto un affare difficile e mi ha fatto pagare un prezzo scandaloso, ma tu ne vali la pena.

La tua filosofia e la tua azienda sono state la mia ispirazione per questo nuovo successo".

"La filosofia di Megiddo, non la mia", interruppi.

"Da Megiddo e da te. Grazie ad entrambi, stiamo andando a Damasco e ho bisogno di te come socio. Guarda", esclamò, "tra un momento sarai un uomo libero!". Mentre diceva questo, tirò fuori da sotto la sua tunica la tavoletta d'argilla con il mio titolo. Lo sollevò sopra la testa e lo lanciò per frantumarlo in cento pezzi sull'acciottolato. Calpestò allegramente i frammenti fino a ridurli in polvere.

Lacrime di gratitudine riempirono i miei occhi. Sapevo di essere l'uomo più fortunato di Babilonia. Il lavoro, vedi, perché è questo, nel momento della mia più grande angoscia, si è rivelato il mio migliore amico.

La mia volontà di lavorare mi ha permesso di evitare di essere venduto per unirmi alle bande di schiavi sui bastioni. Ha anche impressionato tuo nonno a tal punto che mi ha scelto come socio.

Hadan Gula chiese allora: "Il lavoro era la chiave segreta dei sicli d'oro di mio nonno?"

"Era l'unica chiave che avevo quando l'ho conosciuto", rispose Sharru Nada, "A tuo nonno piaceva lavorare. Gli dei apprezzarono i suoi sforzi e lo ricompensarono profumatamente."

"Comincio a capire", disse Hadan Gula pensieroso. "Il lavoro ha attirato i suoi molti amici, che hanno ammirato la sua operosità e il successo che gli ha portato. Il lavoro gli portò gli onori di cui godeva tanto a Damasco. Il lavoro gli ha portato tutte quelle cose che ho approvato. E io pensavo che il lavoro fosse solo per gli schiavi".

"La vita è ricca di molti piaceri per gli uomini", commentò Sharru Nada.

"Ognuno ha il suo posto. Sono contento che il lavoro non sia riservato agli schiavi. Se fosse così, sarei privato del mio più grande piacere. Mi piacciono molte cose, ma non c'è sostituto al lavoro."

Sharru Nada e Hadan Gula cavalcarono attraverso le ombre delle imponenti mura fino alle massicce porte di bronzo di Babilonia. Quando si avvicinarono, le guardie del cancello si misero sull'attenti e salutarono rispettosamente un cittadino onorato. A testa alta, Sharru Nada guidò la lunga carovana attraverso le porte e le strade della città.

"Ho sempre sperato di essere un uomo come mio nonno", confidò Hadan Gula. "Non avevo mai capito prima che tipo di uomo fosse. Tu mi hai insegnato. Ora che ho capito, lo ammiro ancora di più e mi sento più determinato ad essere come lui. Temo che non potrò mai ripagarla per avermi dato la vera chiave del suo successo. Da oggi, userò la sua chiave. Inizierò umilmente come ha iniziato lui, il che corrisponde alla mia vera posizione molto meglio dei gioielli e delle belle vesti."

Così Hadan Gula si tolse i gioielli dalle orecchie e gli anelli dalle dita. Poi, imbrigliando il suo cavallo, arretrò e cavalcò con profondo rispetto dietro il capo carovana.

Frasi Illuminanti

» "Se vuoi diventare ricco, i tuoi risparmi devono rendere e queste rendite devono rendere a loro volta per darti l'abbondanza che tu brami".

» "Le nostre azioni non possono saperne di più dei nostri pensieri".

» "Risparmia ogni mese il 10% di quello che guadagni".

» "Nessuna approvazione potrebbe essere maggiore di quella che viene da persone che apprezzano i tuoi insegnamenti, perché essi stessi hanno raggiunto importanti successi applicando i principi da te sostenuti".

» "Apprezza il valore del denaro".

» "La ragione per cui non abbiamo mai trovato la ricchezza è che non l'abbiamo mai cercata".

» "Noi riusciamo nelle cose a cui dedichiamo i nostri sforzi maggiore".

» "I consigli chiedili a chi è esperto di quel settore. Ricorda che i consigli sono quelle cose che si danno gratuitamente, ma preoccupati di seguire solamente quelli buoni".

» "Quando la gioventù viene dalla vecchiaia per avere consigli riceve la saggezza degli anni".

» "La saggezza della vecchia è come le stelle fisse che brillano sempre allo stesso modo, tanto che il marinaio può contare su di esse per trovare la sua rotta".

» "Io trovai la strada per la ricchezza quando decisi che una parte di tutto quello che guadagnavo era mia e che l'avrei conservata, e così farai tu".

» "Una preparazione adeguata è la chiave del successo".

» "Una parte di ciò che guadagni è tua e la devi conservare, può essere molto di più di quello che ti puoi permettere. Paga te stesso per primo".

» "Il nostro pensiero non può saperne di più della nostra conoscenza".

» "La ricchezza incrementa la potenza di tutte le buone cose che possono portare felicità e soddisfazione".

Grazie mille!

Spero che questa lettura ti abbia offerto non solo piacere, ma anche spunti concreti per migliorare la tua vita personale e finanziaria. Le parabole e gli insegnamenti di questo libro, pur essendo stati scritti molti anni fa, conservano una straordinaria attualità e possono guidarci a riflettere su come gestire meglio le nostre risorse, il nostro tempo e le nostre scelte quotidiane.

Ogni capitolo è un invito a fermarsi un momento e a meditare: sto davvero mettendo in pratica ciò che ho appena letto? Sto imparando a distinguere tra desideri passeggeri e obiettivi di lungo termine? Sto facendo passi concreti verso una maggiore sicurezza e serenità economica?

Mi auguro che tu abbia trovato nelle storie di Babilonia non soltanto delle semplici regole di buon senso, ma delle vere e proprie chiavi per interpretare e migliorare la tua realtà. Se queste pagine ti hanno spinto a riconsiderare le tue abitudini e a pianificare con maggiore consapevolezza il tuo futuro, allora il mio lavoro di traduzione avrà davvero avuto valore.

Ti ringrazio ancora di cuore per la fiducia e spero che queste parole possano accompagnarti a lungo, ricordandoti che la saggezza, se messa in pratica, porta sempre frutti duraturi.

www.ingramcontent.com/pod-product-compliance
Lightning Source LLC
Chambersburg PA
CBHW050010230526
45465CB00003BB/1350